城市轨道交通职业教育系列教材 —— 城市轨道交通控制
CHENGSHI GUIDAO JIAOTONG ZHIYE JIAOYU XILIE JIAOCAI
CHENGSHI GUIDAO JIAOTONG KONGZHI

城市轨道交通列车运行自动控制系统

主　编 ○ 张建平
副主编 ○ 王佩硕　李凯兵　王　斌
主　审 ○ 田光超

西南交通大学出版社
·成都·

图书在版编目（CIP）数据

城市轨道交通列车运行自动控制系统／张建平主编.
—成都：西南交通大学出版社，2017.6（2025.2 重印）
城市轨道交通职业教育系列教材. 城市轨道交通控制
ISBN 978-7-5643-5483-1

Ⅰ. ①城… Ⅱ. ①张… Ⅲ. ①城市铁路－轨道交通－
自动控制系统－高等职业教育－教材 Ⅳ. ①U284.48

中国版本图书馆 CIP 数据核字（2017）第 130578 号

城市轨道交通职业教育系列教材——城市轨道交通控制
城市轨道交通列车运行自动控制系统
主编　张建平

责 任 编 辑	李　伟
封 面 设 计	何东琳设计工作室
出 版 发 行	西南交通大学出版社 （四川省成都市二环路北一段 111 号 西南交通大学创新大厦 21 楼）
发 行 部 电 话	028-87600564　028-87600533
邮 政 编 码	610031
网　　　　址	http：//www.xnjdcbs.com
印　　　　刷	四川森林印务有限责任公司
成 品 尺 寸	185 mm×260 mm
印　　　　张	7.5
字　　　　数	184 千
版　　　　次	2017 年 6 月第 1 版
印　　　　次	2025 年 2 月第 5 次
书　　　　号	ISBN 978-7-5643-5483-1
定　　　　价	22.00 元

课件咨询电话：028-81435775
图书如有印装质量问题　本社负责退换
版权所有　盗版必究　举报电话：028-87600562

出 版 说 明

城市轨道交通凭借快捷、准时、舒适、运量大、能耗低、污染小、占地少等优点，日益成为城市现代化建设进程中重要的公益性基础设施项目。城市轨道交通涉及面广、综合性很强，其发展状况已被当成一个城市综合实力和现代化程度的重要评判指标。由此，城市轨道交通建设正在我国兴起一个新的浪潮，社会对城市轨道交通专业人才的需求巨大，给城市轨道交通类专业的职业教育发展带来了良好契机。

西南交通大学出版社与国内诸多交通院校一直保持友好往来，并整合他们在轨道交通领域的尖端科技优势和人才集成优势，致力于为国家轨道交通教育事业做出贡献，形成了以"轨道交通"为核心的出版特色，在教育界、学界都拥有良好的口碑和较高的品牌知名度。

本套丛书从满足快速增长的城市轨道交通专业实用型人才培养需求出发，从校企结合教学直接面向岗位需求这一特点出发，精心组织国内相关专业优秀教育工作者或优秀教育工作高校，分"运营管理""工程技术""车辆""控制""供电技术"五大类，系统地为读者呈现城市轨道交通教育课程全景。在编写时，力求体现如下特点：

◎ **适用性**

理论知识够用即可，在讲述专业知识的基础上，突出实际操作技能的训练，注重岗位关键能力的培养。

◎ **专业性**

图书的顶层设计从国家高职高专专业目录规范出发，内容编排紧密结合岗位应用实际，体现专业性和主流设备前沿特征，体现教学实际需求。同时，在编写或修改时，尽可能地让一线用人单位参与进来，根据生产现场实际提出建议。

◎ **生动性**

在架构设计和版式设计上，力求简洁生动，图文并茂；努力体现二维码技术等移动互联网时代元素在图书中的应用，尽可能把生产实际和研究成果，用立体生动的形式予以表达，便于读者理解掌握。

这套书可作为高等职业院校、中等职业学校城市轨道交通相关专业的教学用书，也可作为城市轨道交通企业新职工的培训教材。有关教材的课件资料等，可以联系我社使用。

联系电话：028-87600533

邮箱：swjtucbsfx@163.com

西南交通大学出版社

二〇一六年十月

前　言

随着城市规模的扩大和城市人口数量的不断增加，交通成为人们特别关注的日常问题，速度快、安全准时、乘坐舒服成为人们选择交通工具的主要依据；城市轨道交通就是为了满足人们的出行要求，解决日益严重的城市交通拥堵问题而采用的交通方式。而通信与信号系统是确保城市轨道交通列车运行安全与提高效率的关键设备，为人们的出行提供了安全保证。

本书主要介绍了基于通信的列车运行自动控制系统（CBTC）。全书共有 7 个项目，主要包括列车自动控制（ATC）系统的基本概念，列车自动监控（ATS）、列车自动防护（ATP）、列车自动驾驶（ATO）系统的框架、功能和工作原理，联锁子系统，以及通信子系统（DCS）。

本书可作为相关职业学校城市轨道交通控制专业的系列教材，也可作为从事城市轨道交通控制专业人员的学习及培训用书。

本书由洛阳铁路信息工程学校张建平担任主编，洛阳铁路信息工程学校高级讲师田光超担任主审。具体编写工作如下：李凯兵、张建平、蒋荣编写项目一、项目二；张建平、宋玉鼎编写项目三、项目四；王佩硕、张建平编写项目六、项目七；郑州地铁集团有限公司运营分公司通号中心信号一室副主任王斌编写项目五，并参与了部分项目的审定工作。同时，特别邀请了北京和利时系统工程有限公司高级软件工程师王景云参与本书的审定与指导工作。

在本书编写过程中，编者得到了各方同行的帮助，在此一并表示衷心的感谢。另外，特别感谢西南交通大学出版社的领导和编辑们的支持与帮助。

由于编者水平有限，书中难免有疏漏和不妥之处，欢迎各位读者批评指正。

编　者
2018 年 10 月

目 录

项目一 ATC 的基本概念 ·· 1

    任务一 ATC 的速度控制模式 ·· 1

    任务二 ATC 的基本概念与分类 ··· 2

项目二 基于通信的 ATC 系统 ··· 7

    任务一 CBTC 的概念、模式和移动授权 ··· 7

    任务二 CBTC 系统的特点和分类 ··· 13

项目三 列车自动监控（ATS）子系统 ··· 18

    任务一 ATS 子系统的结构 ··· 18

    任务二 ATS 子系统的功能 ··· 20

    任务三 ATS 子系统的工作原理 ··· 28

项目四 列车运行超速防护系统 ·· 41

    任务一 ATP 子系统组成 ·· 41

    任务二 ATP 系统功能 ··· 58

    任务三 ATP 的工作原理 ·· 64

项目五 列车自动驾驶（ATO）子系统 ··· 69

    任务一 ATO 子系统的组成 ··· 69

    任务二 ATO 子系统的功能 ··· 71

    任务三 ATO 子系统的工作原理 ··· 73

项目六　联锁子系统 ·· 78

　　任务一　联锁子系统的结构及组成 ·· 78
　　任务二　联锁子系统的功能 ·· 89

项目七　数据通信系统（DCS） ·· 94

　　任务一　系统网络结构描述 ·· 94
　　任务二　DCS 系统的功能 ·· 98

附表　英文及其缩写和中文含义 ·· 109

参考文献 ·· 111

项目一　ATC 的基本概念

【项目描述】

列车运行自动控制系统（简称列控系统）是保证列车按照空间间隔制运行的技术方法，是靠控制列车运行速度的方式来实现的。

运行的列车间必须保持的空间间隔首先是满足制动距离的需要，同时还要考虑适当的安全余量和确认信号时间内的运行距离。所以，列控系统根据其采取的不同控制模式会产生不同的闭塞制式。列车间的追踪运行间隔越小，运输能力就越大。

任务一　ATC 的速度控制模式

列车自动控制 ATC（Automatic Train Control）系统就是对列车运行全过程或一部分作业实现自动控制的系统。其特征为：列车通过获取的地面信息和命令，控制列车运行，并调整与前行列车之间必须保持的距离。从速度控制方式角度，即对列车运行自动控制采用目标距离控制模式。

目标距离速度控制采取的制动模式为连续式一次制动速度控制的方式，根据目标距离、目标速度及列车本身的性能确定列车的制动曲线，不设定每个闭塞分区速度等级。连续式一次速度控制模式，以

目标距离控制模式

前方列车的尾部为追踪目标点，称之为移动闭塞。如图 1.1 所示，粗实线为目标距离速度控制线，从最高速至零速的列车控制减速线为一条连贯和光滑的曲线，列车实际减速运行线只要在控制线以下就可以了，万一超速碰撞了速度控制线，设备自动引发紧急制动，因为速度控制是连续的，所以不会超速太多，紧急制动的停车点不会冒出闭塞分区，可以不需增加一个闭塞分区作为安全防护区段，当然设计时要考虑留有适当的安全距离。

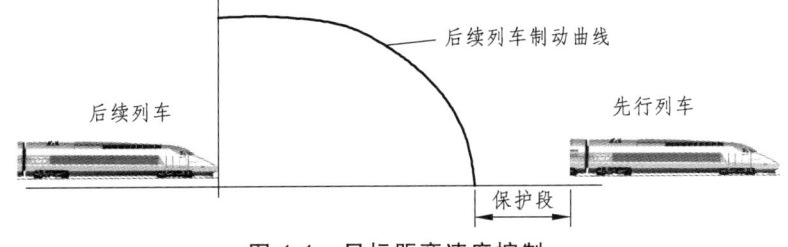

图 1.1　目标距离速度控制

列控设备给出的一次连续的制动速度控制曲线是根据目标距离、线路参数和列车自身的性能计算而定的，线路参数可以通过地对车信息实时传输，也可以事先在车载信号设备中存储通过核对取得。因为给出的制动速度控制曲线是一次连续的，需要一个制动距离内所有的线路参数，地对车信息传输的信息量相当大，可以通过无线通信、数字轨道电路、轨道电缆、应答器等地对车信息传输系统传输。目标距离速度控制的列车制动起始点是随线路参数和列车本身性能不同而变化的，空间间隔的长度是不固定的，适用于各种不同性能和速度列车的混合运行，其追踪运行间隔要比分级速度控制小，减速比较平稳，旅客的舒适度也要好些。

任务二　ATC 的基本概念与分类

列车自动控制系统是我国城市轨道交通保证列车行车安全、提高列车运行效率的重要技术设备，它能以有效的技术手段对列车的运行速度、运行间隔进行实时监控和超速防护。目前，先进的城市轨道交通信号系统通常由列车运行自动控制系统和计算机联锁（Computer Based on Interlocking System，CBI）设备两大部分组成，用于列车运行控制、行车调度指挥、信息管理和设备维护等，可实现行车指挥和列车运行自动化，减轻运营人员的劳动强度，发挥城市轨道交通的通过能力，是一个高效的综合自动化系统。

列车运行自动控制系统是列车运行的指挥和控制系统，取消了传统的地面信号，将机车信号作为主体信号，信号的含义发生了质的变化，传递给列车的是具体的速度或距离信息。根据与先行列车之间的距离和进路条件，在车内连续地显示出容许的速度信息，或给出按设定的运行条件达到该容许速度的距离信息。根据上述信息，列车自动控制运行速度，进行超速防护，以达到自动调整行车间隔的目的，并实现列车在车站内精确地定位停车。同时，ATC 系统还可实现对运行列车的实时监督及运行信息的管理。

列车自动控制（ATC）系统包括列车自动防护 ATP（Automatic Train Protection）、列车自动驾驶 ATO（Automatic Train Operation）及列车自动监控 ATS（Automatic Train Supervision）。ATC 系统与联锁系统共同构成城市轨道交通的信号控制系统。

一、移动闭塞制式的 ATC 系统

按闭塞制式，基于通信的城市轨道交通 ATC 主要采用移动闭塞方式。

移动闭塞的特点是前、后两列车都采用移动式的定位方式，不存在固定的闭塞分区，列车之间的安全追踪间距随着列车的运行而不断移动且变化。

移动闭塞方式

移动闭塞可借助感应环线或无线通信的方式实现。早期的移动闭塞系统大部分采用基于感应环线的技术，即通过在轨间布置感应环线来定位列车和实现车载计算机（VOBC）与行车指挥中心（OCC）之间的连续通信。而今，大多数先进的移动闭塞系统已采用无线通信系统实现各子系统间的通信，构成基于无线通信技术的移动闭塞。

CBTC 则是实现这种闭塞制式的最主要技术手段。采用这种方法以后，实现了车地间双向、大容量的信息传输，达到连续通信的目的，在真正意义上实现了列车运行的闭环控制。当列车和车站一开始通信，车站就能得知所有列车的位置，能够提供连续的列车安全间隔保证和超速防护，在列车控制中具有更好的精确性和更大的灵活性，并能更快地检测到故障点。而且，移动闭塞可以根据列车的实际速度和相对速度来调整闭塞分区的长度，尽可能缩小列车的运行间隔，提高行车密度，进而提高运输能力。此外，这种系统与传统系统相比将大大减少沿线设备，车载设备和轨旁设备的安装也相对较容易，维修方便，有利于降低运营成本。

移动闭塞与固定闭塞的根本区别在于闭塞分区的形成方法不同，移动闭塞系统是一种区间不分割、根据连续检测先行列车位置和速度进行列车运行间隔控制的列车安全系统。这里的连续检测并不意味着一定没有间隔点。实际上该系统把先行列车的后部看作假想的闭塞区间。由于这个假想的闭塞区间随着列车的移动而移动，所以叫作移动闭塞。在移动闭塞系统中，后续列车的速度曲线随着目标点的移动而实时计算，后续列车到先行列车的保护段后部之间的距离等于列车制动距离加上列车制动反应时间内驶过的距离。

移动闭塞技术在对列车的安全间隔控制上更进了一步。通过车载设备和轨旁设备连续地双向通信，控制中心可以根据列车实时的速度和位置动态地计算列车的最大制动距离。列车的长度加上这一最大制动距离并在列车后方加上一定的防护距离，便组成了一个与列车同步移动的虚拟闭塞分区（见图1.2）。由于保证了列车前后的安全距离，两个相邻的移动闭塞分区就能以很小的间隔同时前进，这使列车能以较高的速度和较小的间隔运行，从而提高了运营效率。

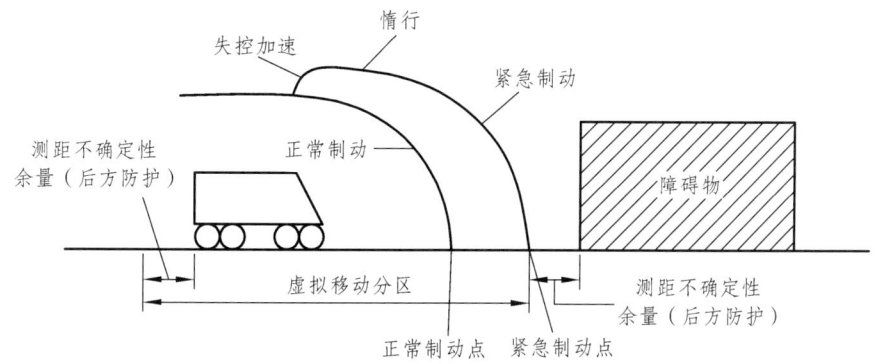

图 1.2　移动闭塞系统的安全行车间隔

无线移动闭塞系统的组成主要包括无线数据通信网、车载设备、区域控制器和控制中心等。其中，无线数据通信是移动闭塞实现的基础。通过可靠的无线数据通信网，列车不间断地将其标识、位置、车次、列车长度、实际速度、制动潜能和运行状况等信息以无线的方式发送给区域控制器。区域控制器追踪列车并通过无线传输方式向列车发送移动授权，根据来自列车的信息计算、确定列车的安全行车间隔，并将相关信息（如先行列车位置、移动授权等）传递给列车，控制列车运行。车载设备包括无线电台、车载计算机和其他设备（如传感器、查询器等）。列车将采集到的数据（如机车信息、车辆信息、现场状况和位置信息等）通过无线数据通信网发送给区域控制器，以协助完成运行决策；同时对接收到的命令进行确认并执行。

移动闭塞 ATC 系统就车、地双向信息传输速率而言，可分为基于电缆环线的传输方式和基于无线通信、数据传输媒介的传输方式；按无线扩频通信方式可分为直接序列扩频方式和跳频扩频方式；按数据传输媒介传输方式可分为点式应答器、自由空间波、裂缝波导管和漏泄电缆等传输方式。

二、不同结构的 ATC 系统

（一）点式 ATC 系统

点式 ATC 系统因其主要功能是实现列车超速防护，所以又称为点式 ATP 系统。它用点式传递信息，用车载计算机进行信息处理。点式 ATC 系统在城市轨道交通中应用比较广泛。其主要优点是采用无源、高信息容量的地面应答器，结构简单，安装灵活，可靠性高，价格明显低于连续式 ATC 系统。上海轨道交通 5 号线采用的即是德国西门子公司的点式 ATC 系统。但点式 ATC 系统难以胜任列车密度大的情况，如后续列车驶过地面应答器时，因前方区段有车，它算出的速度曲线是一条制动曲线。后续列车驶过后，尽管前行列车已驶离，但后续列车已驶过地面应答器，得不到新的信息，只能减速运行，直到抵达运行前方的地面应答器才能加速。

点式 ATC 系统的车载设备不仅接收信号点或标志点的应答器信息，还接收列车速度和制动压力信息，输出控制命令和向司机显示。地面应答器向列车传送每一信号点的允许速度、目标速度、目标距离、线路坡度、信号机号码等信息。图 1.3 表示车载中央控制单元根据地面应答器传至车上的信息以及列车自身的制动率（负加速度），计算得出的两个信号机之间的速度监控曲线。

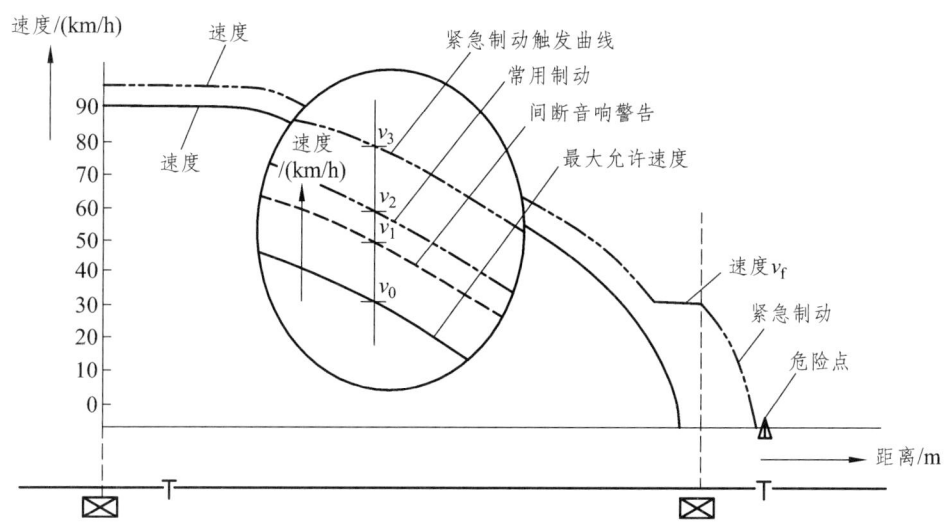

图 1.3 点式列车超速防护系统的速度监控曲线

其中，v_0——所允许的最高列车速度。

v_1——当列车车速达到此值时，车载中央控制单元给出音响报警，如果此时司机警惕降速，使车速低于 v_0，则一切趋于正常。

v_2——当列车车速达到此值时，车载中央控制单元给出启动常用制动（通常为启动最大常用制动）的信息，列车自动降速至 v_0 以下。若列车制动装置具有自动缓解功能，则在列车速度降至 v_0 以下时，制动装置即可自动缓解，列车行驶趋于正常；若列车制动装置不具备自动缓解功能，则常用制动使列车行驶一段路程后停下，列车由驾驶员经过一定的手续后重新人工启动。

v_3——当列车车速达到此值时，车载中央控制单元给出启动紧急制动的信息，确保列车在危险点的前方停住。

图 1.4 为一个动态信标关联一条进路，图 1.5 为点式 ATP 预告信号。

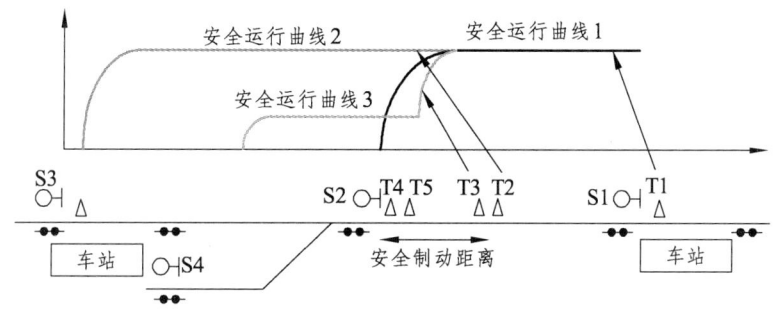

图 1.4 一个动态信标关联一条进路

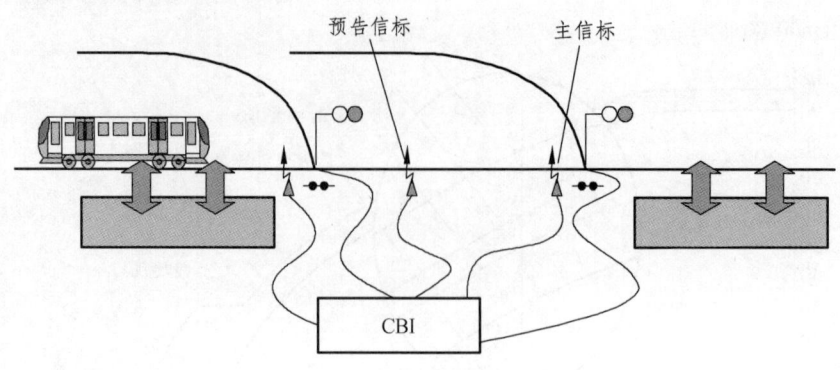

图 1.5 点式 ATP 预告信号

由于"点式"移动授权的非实时性,为每一个动态信标设置有效时间限制(DMC),以保证消除安全,如图 1.6 所示。

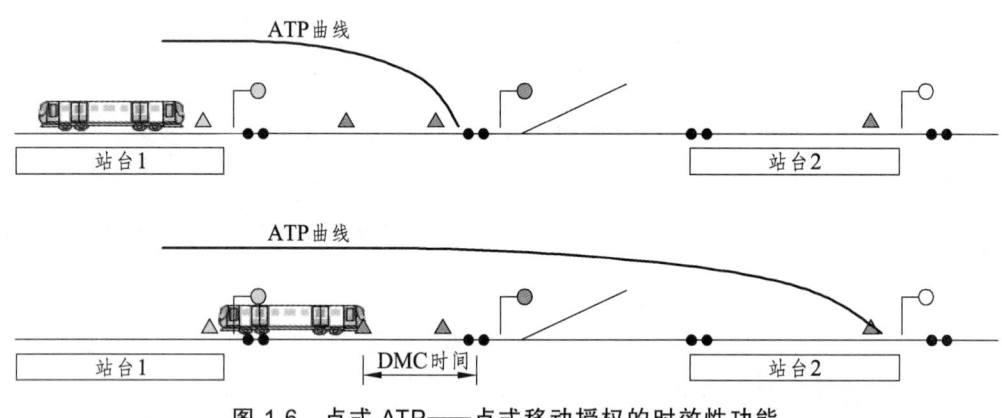

图 1.6 点式 ATP——点式移动授权的时效性功能

(二)连续式 ATC 系统

按车、地信息传输所用的媒体分类,连续式 ATC 系统可分为有线与无线两大类,前者又可分为利用轨间电缆与利用数字编码音频轨道电路两类。按自动闭塞的性质,连续式 ATC 系统可以分为移动闭塞、准移动闭塞和固定闭塞。按车、地之间所传输信息的内容,ATC 系统还可分为速度码系统与距离码系统。

项目二　基于通信的 ATC 系统

【项目描述】

基于 CBTC 的 ATC 系统，通过列车与地面间连续的双向通信，实时提供列车的位置和速度信息，更新列车的移动授权，最大限度地减小了列车的运行间隔，突破了固定闭塞的局限，实现了移动闭塞，在技术以及成本上都较传统的信号系统有明显的优势。

CBTC 系统包含列车自动监控系统（ATS）、列车自动防护系统（ATP，主要设备为 ZC，即区域控制器）、列车自动驾驶系统（ATO，主要设备为 VOBC，即车载控制器）、正线计算机联锁系统（CBI）和数据传输系统（DCS）5 个子系统。

任务一　CBTC 的概念、模式和移动授权

一、CBTC 的概念

CBTC 系统是新型的城市轨道交通 ATC 系统，包括采用感应环线和无线通信的 CBTC 系统。CBTC 系统是一种采用先进的通信和计算机技术连续控制、监测列车运行的列车控制系统，是实现移动闭塞制式的主要技术。它通过列车与地面间连续的双向通信，实时提供列车的位置以及速度信息，更新列车的移动授权，最大限度地减小了列车的运行间隔，突破了固定闭塞的局限，实现了移动闭塞。与传统的基于轨道电路的信号系统相比，CBTC 系统减少了硬件设备量，降低了设备安装和维护成本，而且系统的安装、调试和维护也很简单，从而实现了更低的全寿命周期成本。所以，移动闭塞和车地连续通信是 CBTC 的主要特点。CBTC 系统是当今世界上最有发展潜力的列车运行控制系统。

无线移动通信系统主要是进行车地通信，在移动的列车和地面控制设备之间实时双向传输行车信息，由无线车地通信技术提供保障，列车通过相应的地面设备，如信标、应答器，可以获知自身的位置及速度等信息，通过可靠的无线移动通信网络，列车将位置、车次、列车长度、实际速度、制动潜能、运行状况等信息以无线的方式发给区域控制器 ZC，ZC 则开始追踪列车并发送移动权限、允许速度、限速、紧急停车等命令。因此，无线 CBTC 系统中，无线移动通信网络取代了轨道电路的信息传输地位。图 2.1 为 CBTC 系统结构图。

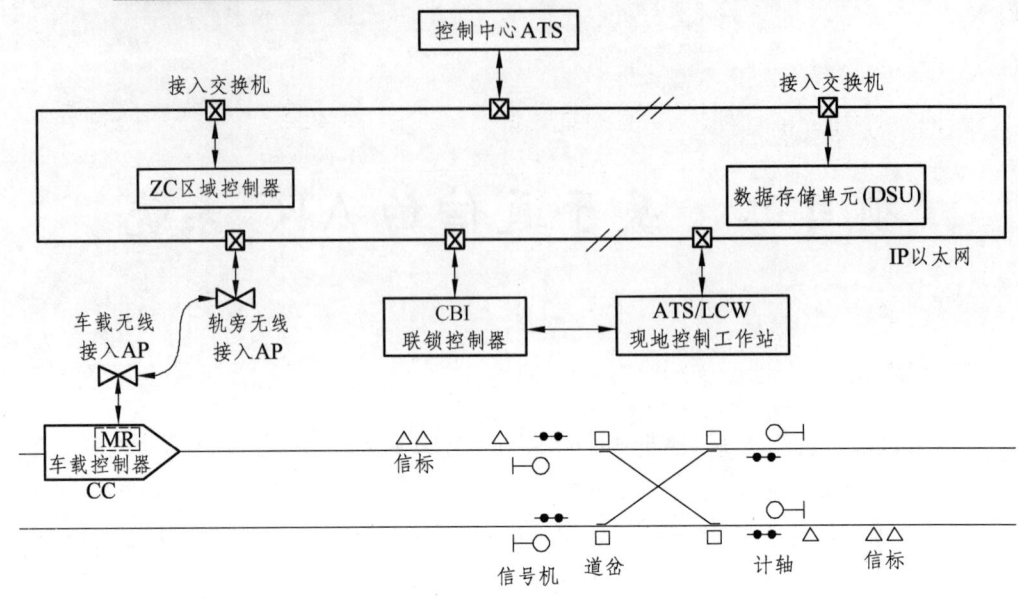

图 2.1 CBTC 系统结构

二、CBTC 的模式

CBTC 系统可以实现全线自动驾驶（ATO）。整个系统的主要设备都采用冗余配置，因此出现冗余故障情况的可能性微乎其微。但当轨旁 ATC 或车地无线通信故障时，列车可通过计轴设备检测列车占用，降级为点式 ATP 模式。在点式 ATP 模式下，轨旁信号机自动亮灯，系统通过信号机的显示来间隔列车，车载设备具备 ATP 防护功能。对于相邻区段内 CBTC 正常通信的列车，列车驾驶模式无须改变，即 CBTC 列车和降级模式的列车可以实现"混跑"。

点式 ATP 模式

驾驶模式

（一）驾驶模式

CBTC 系统主要提供 4 种驾驶模式，分别为自动驾驶模式（AMC）、ATP 防护人工驾驶模式（MCS）、限制人工驾驶模式（RM）、非限制人工驾驶模式（NRM）。正常情况下，AMC 是系统的常用模式。根据具体项目的需要，可以在线路终端站配置有/无人自动折返（ATB）功能，即在折返区域能实现无人驾驶自动折返的 ATO 功能。

（二）驾驶模式的转换

在所请求的驾驶模式指示有效的情况下，线路上任何位置的驾驶模式切换都可以发生，司机可以在不停车的情况下由 RM 模式切换至 MCS 模式或由 MCS 模式切换至 AMC 模式，反之亦然。但为了平稳地完成模式切换，还需要考虑下面几个问题。

① 当切换至 RM 模式时，列车速度应低于 RM 的限制速度。

② 当由 MCS 模式切换至 AMC 模式时，牵引/制动手柄须在惰行位置。

③ 从 MCS 模式切换到 AMC 模式时，ATO 需要几秒的时间执行其 ATO 速度曲线。如果上述情况满足，在正常的载客运行时，司机可以按照调度命令切换驾驶模式。模式的切换操作由司机完成，各驾驶模式间的转换原则如图 2.2 所示。

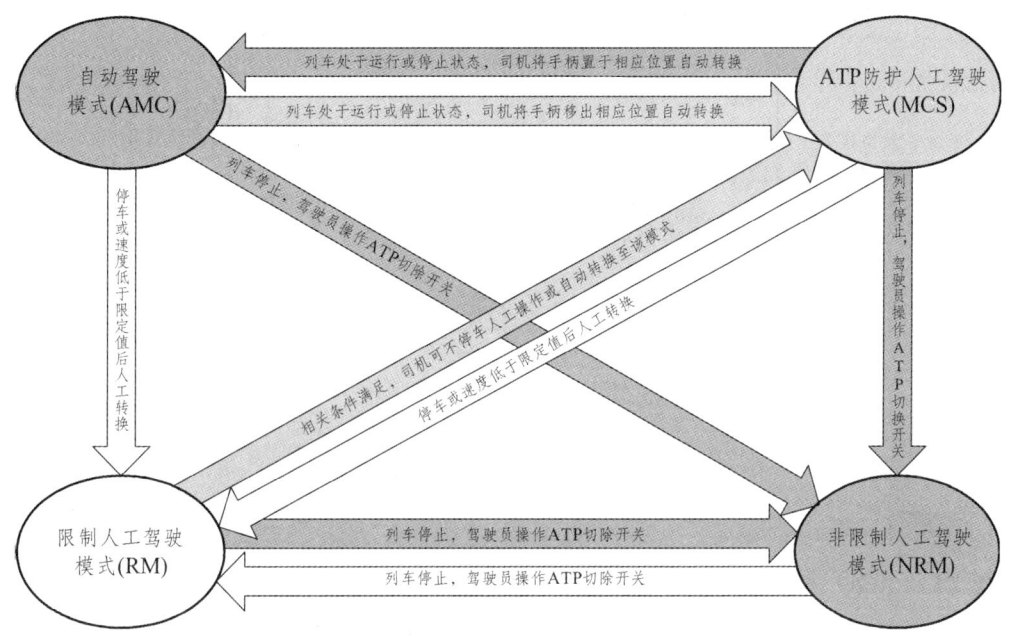

图 2.2　驾驶模式转换原则

（三）正常及降级运营模式

1. 最佳运营模式

正常运营模式定义为所有子系统设备正常且相互通信正常，即 CBTC 模式，线路以全部能力运行的理想运营情况。此时，ATS 自动根据当天运行时刻表调整列车，ATP 保证所有列车的行车安全，ATO 驾驶列车，联锁排列进路并控制轨旁设备。无线通信系统（DCS）确保所有子系统之间通过骨干网和无线接入点的通信顺畅。

2. 点式 ATP 运营模式

点式 ATP 运营模式是信号系统的降级模式，即点式 ATP 模式。当设备出现故障，如区域控制器（ZC）故障或车地通信故障时可用作降级模式。由于 CBTC 模式实现移动闭塞，闭塞的起点和终点均为动态确定；而点式 ATP 模式为固定闭塞，闭塞的起点和终点均为固定的信号机。CBTC 模式至点式 ATP 模式的降级转换，需先降级转换至 RM 模式后，列车运行至点式 ATP 模式初始化信号机前，再升级转换至点式 MCS 模式。而点式 ATP 模式至 CBTC 模式的升级转换，只需所请求的 AMC 驾驶模式指示有效后，停车切换即可实现。

3. 联锁级运营模式

联锁控制——最低等级的系统操作和性能。联锁控制提供固定闭塞列车间隔和联锁防护，不提供其他 ATC 功能。除联锁外，不需要其他 ATC 子系统存在或工作。图 2.3 为 CBTC 系统的不同级别。

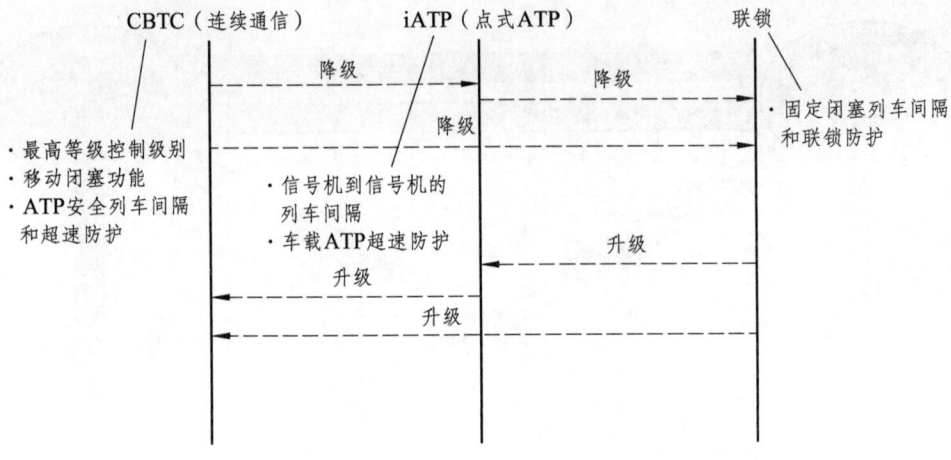

图 2.3　CBTC 系统的不同级别

4. 可用驾驶模式

表 2.1 和表 2.2 描述了在设备部分/完全故障情况下，信号系统的运行以及故障恢复的过程。

（1）表 2.1 描述了在 CBTC 运营模式下不同故障时采用的驾驶模式。

表 2.1　在 CBTC 运营模式下不同故障时采用的驾驶模式

模式故障	可用模式（CBTC）	说　明
车辆紧急制动系统完全故障	NRM 模式可用	列车需要退出运营
两个驾驶室的车载 ATP 都完全故障	NRM 模式可用	列车必须人工驾驶
车载无线完全故障（两个驾驶室）	RM 模式、NRM 模式或点式 ATP 模式可用	列车必须人工驾驶
骨干网完全故障	RM 模式或 NRM 模式可用	列车必须人工驾驶
ZC 完全故障	RM 模式、NRM 模式或点式 ATP 模式可用	在该 ZC 区域内只能人工驾驶列车
一个区域的一个无线接入点（AP）故障	该小区内 RM 模式、NRM 模式或点式 ATP 模式可用	该小区内无线传输网络均故障
一个联锁区域的联锁故障	相应联锁控制区域内 RM 模式或 NRM 模式可用	联锁控制区域受限制
一个车载以太网故障	所有模式可用	车载冗余配置使列车能够在正常条件下减轻这一故障影响
中央 ATS 故障	所有模式可用	部分 ATS 调整功能不可用
车站 ATS 故障	所有模式可用	本区域 ATS 功能不可用

（2）表2.2描述了点式ATP运营模式下不同故障时采用的驾驶模式。

表2.2 点式ATP运营模式下不同故障时采用的驾驶模式

模式故障	可用模式（点式ATP）	说　明
车辆紧急制动系统完全故障	NRM模式可用	列车需要退出运营
头车车载ATP完全故障	NRM模式可用	
一个联锁区域的联锁（CBI）故障	相应联锁控制区域内RM模式或NRM模式可用	联锁控制区域受限制
一个联锁区域的欧式编码器（LEU）故障	相应联锁控制区域内RM模式或NRM模式可用	联锁控制区域受限制
中央ATS故障	所有模式可用（除AMC外）	部分ATS调整功能不可用
车站ATS故障	所有模式可用（除AMC外）	本区域ATS功能不可用
ZC故障	所有模式可用（除AMC外）	
线路控制器（LC）故障	所有模式可用（除AMC外）	

三、移动授权

CBTC包含列车自动监控（ATS）、车载ATP/ATO系统（主要设备为VOBC，即车载控制主机）、地面ATP/ATO系统（主要设备为ZC，即区域控制器）、计算机联锁（CBI）和数据传输系统（DCS）5个子系统。CBTC在保证列车安全运行的前提下，最大限度地提高轨道的运营效率，通过轨旁ZC为所有列车提供列车运行许可，保证列车运行安全，这些列车运行许可又称为移动授权，如图2.4所示。

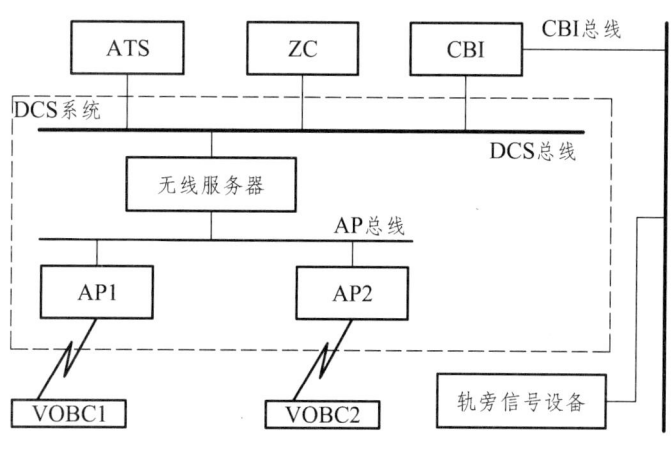

图2.4 CBTC结构示意图

（一）移动授权的概念

移动授权是为了实现列车分离而由 ZC 分配、监督和执行的，其表现形式是一段带有运行许可方向的轨道线路，它由联锁系统提供防护。

ZC 作为 CBTC 轨旁安全处理的重要部件，负责移动授权的分配和监督。根据地面上各种设备和车载设备的状态信息，为处于其控制区内的列车分配移动授权，并及时将移动授权通过 DCS 系统发给 VOBC，以此控制列车运行。ZC 每次为列车计算授权时，需要明确授权起点、授权终点和授权方向 3 个要素。授权的示意图如图 2.5 所示。

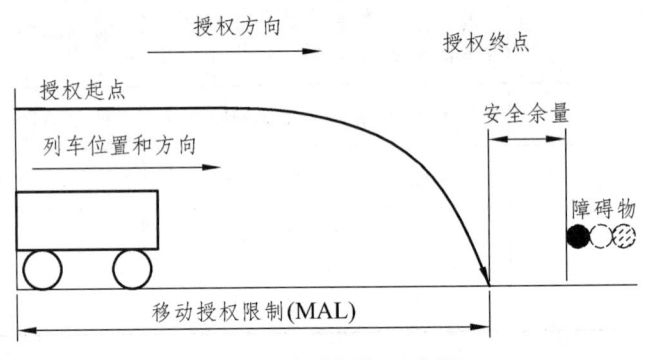

图 2.5　移动授权示意图

（二）移动授权的分配

在 CBTC 中，由 ZC 完成移动授权的分配。当列车位于 ZC 控制区内时，VOBC 周期性地将列车位置与运行方向发给 ZC，ZC 根据列车的当前位置、行驶方向、联锁进路及周围线路其他设备状态来为列车分配移动授权。ZC 将移动授权的分配分为两个过程：一是数据准备过程，即从各个系统获取相应的主要数据信息；二是数据处理过程，将数据准备过程得到的信息进行加工处理，生成移动授权。

（三）移动授权的下达

ZC 在完成为列车分配移动授权后，将移动授权发送给 DCS 系统的无线服务器，由无线服务器将移动授权发给每个 VOBC。

四、列车检测定位功能

定位的任务就是确定列车在路网中的地理位置，它涉及所有的信号装备列车。

CBTC 系统中列车的定位结合下列信息来确定：

列车位置检测

（1）安装在线路上某些位置的应答器的检测。每个应答器发送一个包括识别编号（ID）的应答器报文，由列车接收。在 ATP 车载计算机单元的线路数据库里存有应答器的位置，这样列车就知道它在线路上的确切位置。

（2）由测速电机和雷达执行的列车位移测量。

（3）当通过一个分岔点的时候，为了更新列车位置，需要考虑道岔的位置。

这项功能符合其他使用定位数据的安全 ATP 功能（如安全列车追踪或超速检测）的安全需求。它可以达到车站停车的精度级别。

车载 ATP 定位包括一个初始化阶段和更新阶段。定位有两种状态：已定位和未定位，并且该功能与列车运行模式无关。

列车位置由一个最大安全前端位置、一个最小安全后端位置和一个不确定值来描述。不确定性来自应答器检测精度、应答器安装精度和位移测量精度。如果双向通信通道正常，一个列车位置报告被发送到轨旁 ATP。

一个普通的列车定位流程可以描述为：

（1）在车载 ATP 启动时，列车未定位，但是车载计算机单元的线路数据库记录有应答器的位置。

（2）一旦列车连续地经过两个应答器，则初始化它的位置参数，这样列车"已定位"。详细的步骤如下：

① 第一个应答器初始化应答器和查询器天线的位置，但是列车不知道自己在轨道上的运行方向。

② 根据线路数据库里应答器的顺序，第二个应答器确定列车的运行方向。

③ 通过第二个应答器后，列车位置可由测速电机和雷达测量。

在两个应答器之间，已定位的列车位置参数得到更新，这都得益于测速电机和雷达的连续位移测量。

当经过另外一个应答器时，一列已定位的列车将调整它的位置参数，以便通过计算一个更小的位置不确定值得到更加精确的位置。

任务二　CBTC 系统的特点和分类

一、CBTC 系统的特点

CBTC 系统的最主要特点是采用无线通信构成移动闭塞。CBTC 系统具有以下特点：

（一）连续式和点式通信方式并存

连续式通信方式和点式通信方式可以单独工作或同时使用。

连续式通信是使用无线进行轨旁和列车间的通信。配合连续通信通道，列车根据移动闭塞原理分隔，提供最小运行间隔，列车受 ATP/ATO 控制，构成移动闭塞。

点式通信则不依赖于连续通信通道，而采用基于应答器的点式通信通道从轨旁向车上传输数据。配合点式通信通道，列车根据固定闭塞原理分隔，并受 ATP/ATO 控制，构成固定闭塞。固定闭塞运行可作为移动闭塞运行的后备模式。

（二）混合运行

装备和未装备 ATP/ATO 的列车可以在同一线路上运行。

被司机人工驾驶的列车可以与采用 ATO 自动驾驶的列车混跑。

（三）可升、降级

系统可以容易地从基本的运行模式（点式，固定闭塞）升级到高性能的等级（连续式通信，移动闭塞），直到无人驾驶的运行等级（MTO）。在故障时，可适度降级，不同的运行等级可以使用一个比较低的等级作为后备级。例如，移动闭塞/连续通信的 ATP/ATO→固定闭塞/点式通信的 ATP/ATO→使用信号机的联锁级。

（四）可扩展性

一条装备 CBTC 系统的线路可很容易地扩展，增加车站和列车。

（五）适应性

CBTC 系统能够处理具有不同特性的各种类型的列车。例如，4 辆编组列车和 6 辆编组列车，具有不同的加速和减速参数，以及不同的列车长度。列车将会被依照它们各自的特性最佳地驾驶。

地铁 CBTC 系统要求不依靠轨道电路向列控车载设备传递信息，利用通信技术实现"车地通信"并实时地传递"列车定位"信息；通过车载设备、轨旁通信设备实现列车与车站或控制中心之间的信息交换，完成速度控制。系统通过建立车地之间连续、双向、高速的通信，使列车命令和状态可以在车辆和地面之间进行实时可靠地交换，并确定列车的准确位置及列车间的相对距离，保证列车的安全间隔。

二、CBTC 的分类

CBTC 对无线传输的系统容量、稳定性、抗干扰能力以及高速移动下的切换等都有较高的要求。目前，从宽带技术的角度出发，GSM-R、WLAN、漏泄同轴电缆、裂缝波导管、WiMax 等技术都可以提供 CBTC 系统中相应的无线数据传输服务，但这些技术本身的技术标准、技术成熟度、系统应用经验和整个产业链的发展以及部署成本等决定了它们能否最终广泛应用于地铁 CBTC 系统中。每种技术方案具体分析如下：

（一）基于 GSM-R 技术

GSM-R 是在公网 GSM 技术基础上融合了调度通信功能的专门用于铁路无线通信的数字集群通信系统，是专为铁路系统开发的数字式的无线通信系统。其主要提供无线列调、编组调车通信、区段养护维修作业通信、应急通信、隧道通信等语音通信功能，可为列车自动控制与检测信息提供数据传输通道，并可提供列车自动寻址和旅客服务。

（二）基于无线电台的 WLAN 技术

采用无线电台实现 WLAN 技术，体积较小，安装比较灵活，受其他因素影响小；使用开放的 IEEE 802.11 标准，广泛采用 2.4G 的 ISM 频段；可根据现场条件和无线场强覆盖需要进行设计和安装，且安装和维护容易，但无线电台在隧道内传输受弯道和坡道影响较大，同时隧道内的反射比较严重，需要考虑多径干扰等问题。无线电台的传输距离小，为了保证在一个无线接入点（Access Point，AP）故障时，通信不中断，提供通信的可靠性，以及考虑到高速下的无缝切换，往往需要在同一个地点设置双网覆盖，这要求进一步缩短 AP 布置间距。大量的高密度的 AP 点的部署，导致了列车在各个 AP 之间的漫游和切换特别频繁，大大降低了无线传输的连续性和可靠性，同时相应的电缆使用量也很大。基于 WLAN 的 CBTC 系统方案如图 2.6 所示。

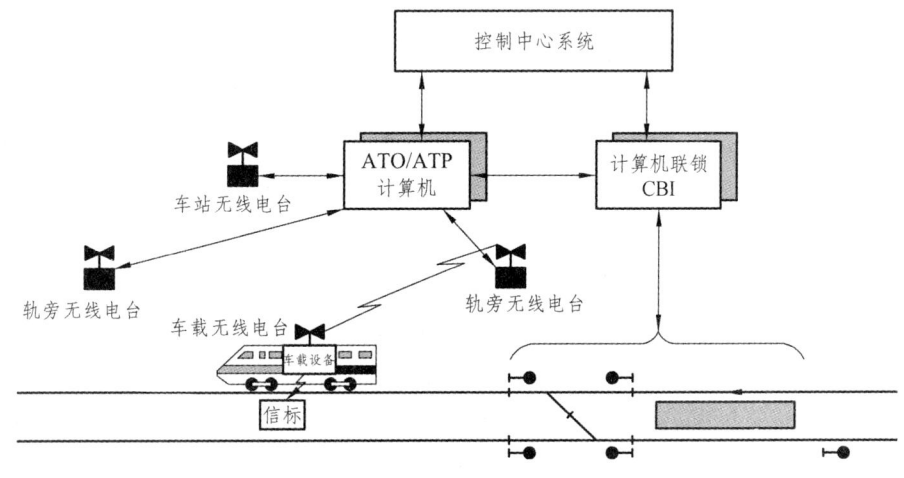

图 2.6 基于 WLAN 的 CBTC 系统方案

(三) 基于漏泄同轴电缆技术

漏泄同轴电缆 LCX(Leaky Coaxial Cable)是在同轴电缆外导体上开有一定形状和间距的槽,使电磁场的能量集中在同轴电缆的内外导线之间,部分能量可以从同轴电缆中的槽孔漏泄到空间中,并和附近的移动电台天线耦合构成无线通道。同轴电缆外导体上开的槽可以有多种形状,各种形状在传输损耗和耦合损耗方面各不相同。使用漏泄同轴电缆的通信方式比较简单,两条 LCX 交叉环线分别负责上行及下行的车辆通信,车上天线和 LCX 之间的距离很近,LCX 还连接着基地台,通过漏泄同轴电缆,各种安全调度信息和语音信息可以在地面和车辆之间双向传递。由于电磁波在同轴电缆交叉环线内传播,场分布稳定,辐射性能可以由槽的形状位置控制,传输速率高、节省频率资源、受环境影响很小,因而对地形的适应性强,在数字化、大容量的移动车辆通信方面有独特的优势,如图 2.7 所示。

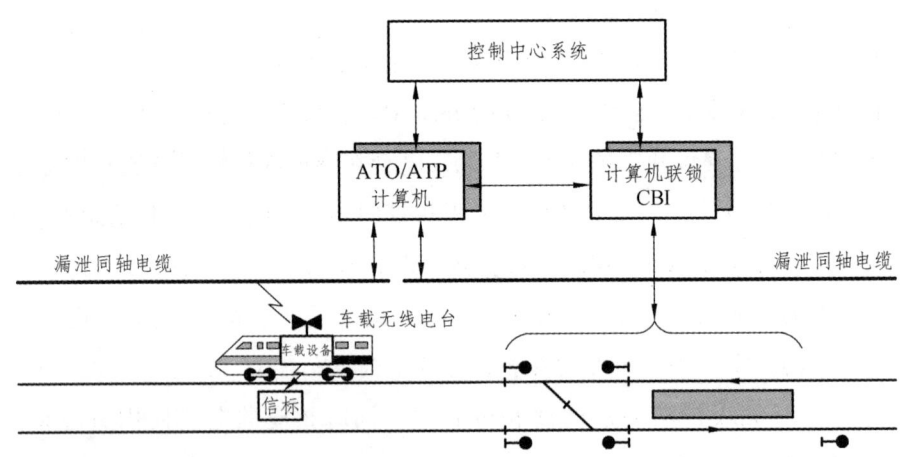

图 2.7 基于漏泄同轴光缆 CBTC 系统方案

(四) 基于裂缝波导管技术

裂缝波导管采用的是一种长方形铝合金材料,在其表面每隔一段距离(约 6 cm)刻有一条 2 mm 宽、3 cm 长的裂缝,能够让无线电波从此裂缝中漏泄出来,因其波导管物理特性和衰减性能很好,传输距离较远,理论最大传输距离可达到 1 600 m,且沿线无线场强覆盖均匀,呈现良好的方向性分布,抗干扰能力较强。其具有漏泄同轴电缆的优点,适合于狭长的地下隧道内使用,且传输距离要优于漏泄同轴电缆,减少了列车在各个 AP 之间的漫游和切换,大大提高了无线传输的连续性和可靠性。裂缝波导管的安装要求较高,安装位置受到现场制约,其与列车车载天线的安装位置要求对应,故其安装精度要求也比较高。裂缝波导管可以根据现场条件安装在隧道底部钢轨旁(适用于地下、地面、高架或混合线路），或隧道侧墙（仅适用于全地下线路），或隧道顶部（仅适用于全地下线路，且三轨供电）。另外，波导管内部和表面的维护量较大，要防止沙尘侵入和污物覆盖等。基于裂缝波导管的 CBTC 系统方案如图 2.8 所示。

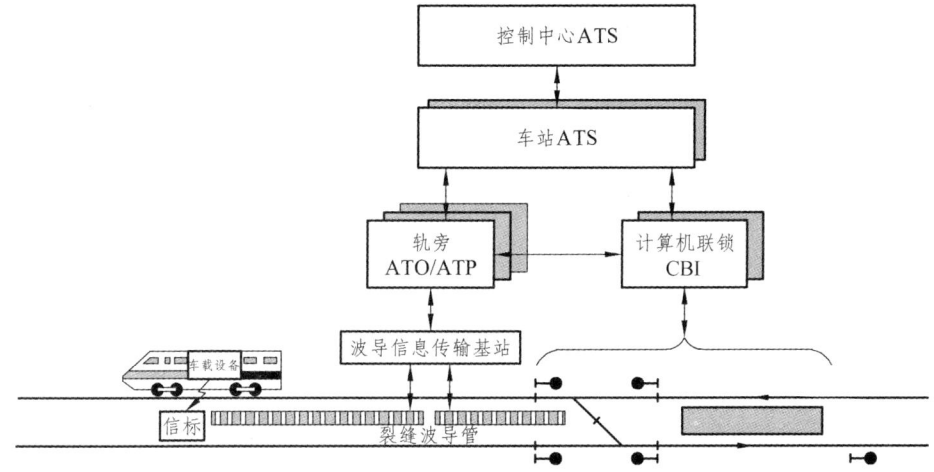

图 2.8　基于裂缝波导管的 CBTC 系统方案

项目三　列车自动监控（ATS）子系统

【项目描述】

城市轨道交通系统的建设目标是为出行的乘客提供方便满意的服务，而良好的运输组织是实现这一目标的前提和保障。ATS 子系统作为 ATC 系统的重要组成部分，是保证列车运行安全，实现行车指挥和列车运行现代化，提高运输效率的关键系统设备。城市轨道交通信号人员必须了解 ATS 子系统的结构、功能以及工作原理。

任务一　ATS 子系统的结构

ATS 子系统是一个分布式的计算机监控系统，在系统的关键部位提供了 1+1 的热备冗余保护，保证系统有较高的可靠性。

该结构中的设备分布于以下地点：

（1）ATS 控制中心：包含中心工作人员控制和监视全线列车运行的所有设备。

（2）正线设备集中站：包含与计算机联锁接口、管理车站范围内线路、控制发车计时器和旅客向导显示牌的设备。

（3）正线非设备集中站：包含执行本地操作、控制发车计时器和旅客向导的设备。

（4）车辆段：包含与计算机联锁接口、管理车辆段范围内线路的必要设备，以及派班工作站。

整个系统通过冗余网络把控制中心子系统和车站子系统组成一个冗余的网络结构；控制中心子系统采用网络交换机组成两个热备的 100M 中心局域网，控制中心的所有设备都是通过 TCP/IP 协议连接到中心局域网。

正线设备集中站、正线非设备集中站、车辆段子系统采用两个网络设备组成 100M 的热备车站局域网，ATS 的车站设备通过 TCP/IP 协议连接到其车站局域网，然后通过主备 100M 主干网络接口连接到中心局域网中。

ATS 子系统的结构可参见系统说明中 ATS 设备构成图所示，ATS 子系统主要包含有以下设备：

一、控制中心（OCC）

控制中心包括调度工作站（调度员工作站、调度长工作站、远程调度长工作站）；时刻表工作站及打印机；维护员工作站及打印机；运行图打印机、报告打印机、事件打印机；控制中心列车自动监控（CATS）应用服务器；控制中心列车自动监控（CATS）数据库服务器；共享盘；HP 光纤集线器；ATS 通信前置机（FEP）；双机切换单元；100M 网络交换机；网关计算机；通信机柜；服务器机柜；培训服务器；培训工作站及打印机，如图 3.1 所示。

ATS 控制中心

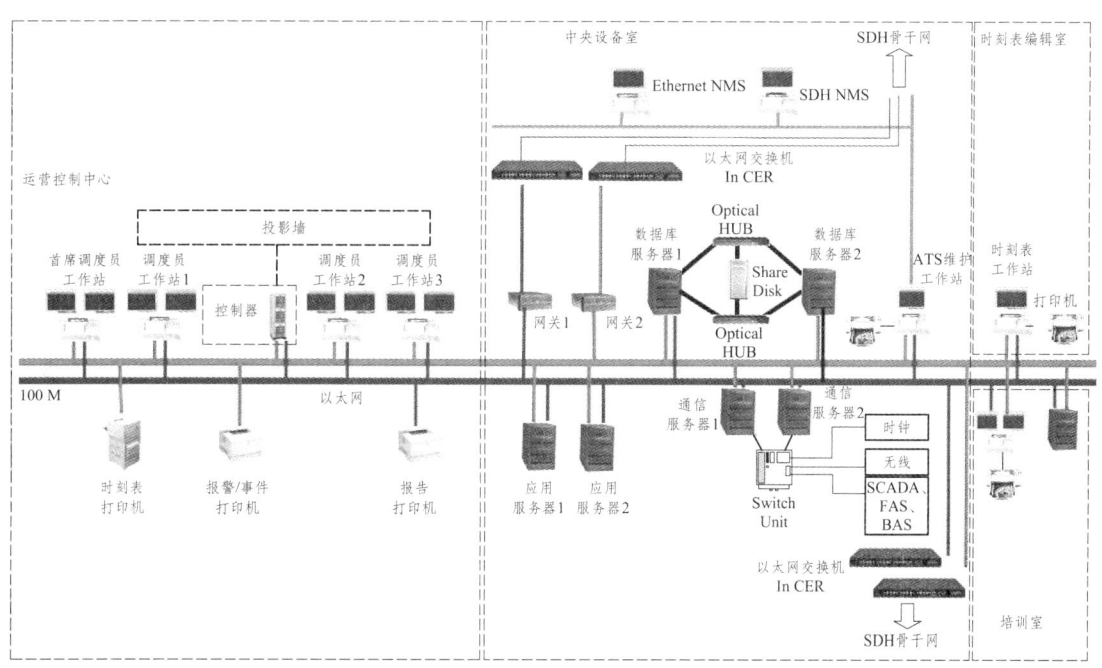

图 3.1 控制中心设备结构图

二、正线设备集中站

正线设备集中站包括车站 ATS 分机（LATS）；车站值班员工作站（HMI）；发车计时器和旅客向导接口计算机；100M 网络设备；通信机柜；若干发车计时器（TDT）和旅客向导显示牌。

三、正线非设备集中站

正线非设备集中站包括车站值班员工作站（HMI）；发车计时器和旅客向导接口计算机；100M 网络设备；若干发车计时器（TDT）和旅客向导显示牌。

四、车辆段

车辆段包括车站 ATS 分机（LATS）；车辆段值班员工作站；100M 网络设备；通信机柜；光通信转换器；派班室工作站。

任务二　ATS 子系统的功能

ATS 子系统的每一个工作站都采用 Client/Server 模式连接到在线服务器系统中。正常情况下，每个工作站都可独立工作，当其中一个故障后，其他工作站仍能实现所有的功能要求。

1. 控制中心（OCC）

控制中心 CATS 系统包括集中控制和监督运行的所有功能。

2. 正线设备集中站

正线设备集中站监督和控制本集中站管辖范围内各车站的信号设备，控制发车计时器和旅客向导显示牌，向广播系统提供列车到达预报，监视左右相邻集中站的信号设备。

3. 正线非设备集中站

正线非设备集中站监督集中站管辖范围内各车站的信号设备，执行本车站的扣车/终止扣车、提前发车的操作，控制发车计时器和旅客向导显示牌，向广播系统提供列车到达预报，采集智能电源屏的维护信息，监督左右相邻集中站的信号设备。

4. 车辆段

车辆段监督和控制车辆段的信号设备，从 CATS 获得列车运行图，提供列车编组信息和派班信息，监督左右相邻集中站的信号设备。

一、操作控制模式

ATS 子系统正常运营时主要采用中心自动控制，在中心控制状态下，控制中心的调度员可以发送控制命令到计算机联锁系统，通过计算机联锁控制相关信号设备；在车站控制状态下，车站值班员可以发送控制命令到计算机联锁系统。车站负责实现中心控制和车站控制的转换。

二、控制中心 CATS 的主要功能

控制中心采用网络交换机组成 100M 的高速双局域网，通过网络接口连接到主干网络；有两台冗余的应用服务器、两台冗余的数据库服务器和两台冗余的通信前置机；调度员可

用任何一个调度员工作站,根据划定的控制范围行使监控权;调度长工作站主要用于调度主任监督整条线路的运营情况;维护工作站用于监视记录全线信号设备的运行状态、故障报警、重要事件等;时刻表工作站用于时刻表的离线管理与维护;培训服务器用于模拟列车的运行和信号设备的工作;培训工作站用于登录培训服务器进行人员培训。

另外,控制中心ATS还提供与其他外部系统(时钟、电力、火灾、无线列调、环境、综合信息系统)的标准、安全、开放的接口。

1. 列车描述功能

列车描述功能通过处理由ATP/ATO子系统、计算机联锁子系统发送的数据,对线路上运行的所有列车的位置及识别号数据进行汇总。在移动闭塞方式下,通过车载系统发送的列车位置信息对车次号进行追踪;在站间闭塞方式下,则是用计算机联锁子系统发送的计轴占用信息追踪车次号。该功能通过动态刷新站场模拟图的方式,将列车运行信息以图形化的方式显示。站场模拟图在调度员工作站的彩色显示屏上实时显示,并在全线表示屏上显示。中心调度员可增加、删除、修改、移动列车识别号。

2. 进路的设置

控制中心的调度员可将全部进路置于自动进路模式来使系统自动设置列车进路。对于非计划列车,系统根据列车目的地来触发列车进路;对于计划车,则是根据时刻表来触发列车进路,系统按照时刻表中定义的时刻办理列车从计划折返站的折返轨发车的进路和从转换轨发车的进路;对于不是折返线、出库线和存车线相关的进路,进路的办理时间不按照时刻表中定义的时刻。

在中心控制模式下,任何情况下,调度员都可以为处理某些紧急情况而人工办理进路。

3. 时刻表/运行图的管理与编辑

时刻表/运行图定义了在整个运营日内正常运行条件下列车的运营计划。系统提供了10种以上基本时刻表/运行图。用户可选择其中一种作为工作日、周六、周日或假日时使用的当日时刻表/运行图。操作人员可以用时刻表编辑工具以在线或离线的方式管理时刻表/运行图。

(1)离线管理:通过一个有图形用户界面的时刻表/运行图编辑工具,建立和修改基本时刻表/运行图。

(2)在线管理:通过时刻表/运行图工具监控列车按计划运行并调整和修改列车的当日运行计划(增加一趟车、取消一趟车、修改停车时间和站间运行时间等)。

4. 线路操作模式

在中心控制时,ATS子系统根据不同的线路运行模式,具有不同的调整功能。系统定义了4种不同的线路操作模式:

(1)全自动调整模式:由ATS子系统根据当天的实施时刻表和列车早晚点状态自动调整列车的停站时间和区间运行时间;由ATS子系统根据当天的实施时刻表自动在转换轨、

计划折返轨处给列车匹配目的地和车次号。此时计算机辅助调整和调度功能全部起作用。此模式为ATS自动程度最高的模式，也是ATS的正常使用模式。

（2）非自动调整模式：ATS子系统不根据当天的实施时刻表和列车早晚点状态自动调整列车的停站时间和区间运行时间，但是按照当天实施时刻表所定义的列车停站时间和区间运行时间控制列车；由ATS子系统根据当天的实施时刻表自动在转换轨、计划折返轨处给列车匹配目的地和车次号。此时计算机辅助调度功能起作用，而按运行图调整停站时间和运行时间功能被关闭。此为ATS的一种降级模式。当列车普遍偏离时刻表而调度员又不想改变列车追踪间隔时，可选择使用该模式。

（3）人工调度模式：ATS子系统不根据当天的实施时刻表自动调整列车的停站时间和区间运行时间，但系统按照当天实施时刻表的列车停站时间和区间运行时间控制列车运行；由控制中心的调度员人工在转换轨、计划折返轨处给列车匹配车次号和目的地号。此为ATS的一种降级模式。当列车普遍偏离时刻表，调度员不想改变列车追踪间隔，但想在折返处和转换轨处人工改变车次号时，可选择使用该模式。

（4）全人工模式：此时ATS子系统不再根据任何时刻表信息控制列车的运行。当计划不可用时，调度员可选择使用该模式。

调度员选择方便的控制模式，经确认对整条线路生效。但在任何时候，调度员还可通过人工干预的手段对列车运营进行局部调整。

5. 运营调整

列车的运行调整也就是按照当天的计划运行图调整列车的运行，列车的运行时间应与运行图中定义的列车运行时间相一致，以此时间作为列车正常运行的依据。

当列车停站时，系统自动判断列车的早晚点状态，通过计算给出合理的发车时间和到下一站的区间运行时间，通过每个站台的列车发车计时器传达给列车司机停站时间，并把区间运行时间发送给ATO，控制列车的区间运行时间。

如果列车运行状况与计划偏离较小，ATS的自动调整功能通过调整列车的停站时间和列车的区间运行时分，或只调整两者之一，来纠正偏离。当偏离时间超过规定范围后，以起始站或终到站为基点对所有列车自动按等间隔运行原则生成调整计划，经调度员确认后对全线列车进行调整。

如果列车运行状况与计划偏离较大，超出调整范围时，ATS的运行调整功能为调度员提供人工干涉的手段，比如调表、调整和修改计划列车的运行，以便尽快恢复列车的计划运营。

在任何时候，调度员都可以用扣车、跳停、人工设置停站时间和区间运行时间的方式，对列车运营进行人工调整。

在调整列车运营时，ATS和ATO之间传递的信息有列车区间运行时间、扣车信息和跳停信息，在列车发车计时器（TDT）上显示列车停站时间、扣车和跳停信息。

调整策略中的计划偏离阈值是系统参数，调度员可以自行设置。

6. 线路监督和报警控制

该功能监督整条线路的所有信号设备当前状态及列车运营，并管理系统中出现的报警信息及确认。

显示屏显示的信息内容包括：

（1）线路布置（轨道和道岔）；
（2）站名和站台；
（3）紧急关闭；
（4）列车位置和列车识别号；
（5）进路状态；
（6）自动进路状态；
（7）信号机状态和轨道区段状态；
（8）自动折返及全自动折返状态；
（9）站控/中控状态；
（10）扣车表示；
（11）车站信号设备总报警显示；
（12）隔断门位置；
（13）接触轨供电状态；
（14）线路里程标、电力牵引标志等。

工作站的显示器应是多窗口显示方式，在显示器上包括了显示屏上的所有显示信息，而且还有如下补充的表示内容：

（1）线路局部（可能包括一或多个站）；
（2）双屏显示全线状态；
（3）关于进路、信号和道岔的详细信息，包括设备号和状态；
（4）控制中心设备的故障/正常状态；
（5）列车运行与时刻表的对应情况（早点、晚点和正点）；
（6）当天计划和当天实迹；
（7）各计算机设备的工作状态；
（8）菜单及命令操作窗口；
（9）调度员命令执行完成的表示（条件是现场设备动作完成）；
（10）报告和告警信息；
（11）车站名称按钮；
（12）挤岔表示；
（13）办理进路时始终端按钮的闪光表示；
（14）延时解锁表示；
（15）系统时间。

调度工作站显示器显示的报警信息应包括：

（1）中心和车站电源设备故障；

（2）ATS通道故障；

（3）ATS命令执行超时；

（4）车站设备的工作状态和车载设备的工作状态及故障报警等；

（5）区间列车运行和停车超时的报警；

（6）列车丢失报警；

（7）列车早晚点的表示；

（8）轨道占用错误和故障表示；

（9）双机切换的报警；

（10）设备通信故障的报警；

（11）其他运营部门所需要的报警表示。

显示屏、工作站上的具体显示信息以及报警内容将在设计联络时确定。

7. 人工控制

当有非计划列车、系统降级模式或紧急情况时，该功能允许调度员通过人工控制进路、特殊开放或关闭信号、扣车、提前发车、跳停、修改列车识别号等措施人工干涉系统运营。

上述ATS与ATO之间的执行显示及回执显示情况在设计联络中确定。

8. 数据管理

ATS子系统根据线路的运营情况，由应用服务器处理和统计后，生成一系列运营报告。该运营报告可以在工作站以文本的方式查看，也可以通过控制中心的报告打印机打印。ATS子系统具有自行生成报表功能，工作人员也能对运行资料库进行访问，根据需求自行生成报表。其中，主要有以下报告（可根据用户要求添加新的运营统计报告）：

（1）命令报告；

（2）报警报告；

（3）偏离报告；

（4）行走记录等。

报警的最大记录时间取决于磁盘的容量，本系统存储的时间为当前时间前31天的数据。标准做法是一周备份一次，备份后如有必要可以将这些数据转存到与维护工作站连接的外设CD-ROM或其他磁盘上。

9. 回　放

ATS子系统支持历史数据的记录和回放功能，以便在出现问题时可以追溯历史。控制中心的ATS记录了各种相关报警和事件，其中包括来自联锁和ATP/ATO系统的信息。

回放功能在任一工作站都可实现，回放对在线应用服务器的功能没有任何影响。在回放模式下，执行回放功能的工作站从ATS的应用服务器自动读取用户所选定的时间段内的回放数据，回放数据包括已记录的轨道、道岔、信号机等信号设备的状态信息，列车位置信息，控制中心调度员执行的各种操作命令和各种报警信息。回放过程中，在回放软件上的各种操作对正在运营的线路和ATS的各种既有功能没有影响，因为该回放软件为一单机版的应用软件。

10. 显示屏的管理

ATS 子系统提供与显示屏的接口,给显示屏控制器发送显示全线轨旁信号的设备状态、列车描述的信息以及线路上、车辆段的其他设备的相关信息,如显示 SCADA、FAS 和主时钟系统传送的信息。

具体信息以及与显示屏的接口将在设计联络时确定。

11. 系统维护

ATS 子系统为其维护人员在控制中心设备室提供一台维护员工作站,用于维护、管理 ATS 系统的设备。维护人员可以在此工作站上监视全线信号设备的运行状态;查阅和打印各种报警、事件报表以及运行图;监视、管理 ATS 子系统的网络运行状态;使用光盘或其他介质备份数据;远程访问车站分机子系统;执行回放功能等。

维护人员工作站不具备控制命令的下发功能。

三、正线设备集中站 ATS 的主要功能

正线设备集中站 ATS 主要完成以下功能:
(1)集中站与相邻两集中站管辖范围内各车站信号设备的状态显示。
(2)在站控模式下实现对集中站管辖范围内各车站信号设备的人工控制功能。
(3)集中站管辖范围内各车站站台相关的显示功能。
(4)在站控模式下实现对集中站管辖范围内各车站站台相关的人工控制功能。
(5)列车识别号显示和追踪。
(6)当中心故障时,由车站按照本地预存运行图和列车的目的地自动办理进路。
(7)控制发车表示器显示。
(8)控制发车计时器显示,如:

① 显示站停时间。当车站 ATS 分机(LATS)得到列车进站停稳信息后,将站停时间发送给发车计时器,发车计时器将该时间值显示在计时器显示区上并开始倒计数,告知司机在该站的站停时间。

② 发车指示。当站停时间值减到零时,允许司机关闭车门和启动列车。

③ 显示晚点时间。当发车计时器站停时间值减到零后,计时器正向计数,直到接到列车离开站台信息为止。当列车未能按时发车时,正向计数可以使列车司机知道当前晚点时间。

④ 扣车指示。根据 ATS 子系统或者车站值班员操作发送的命令,发车计时器组合显示扣车表示标志。具体实现方法在设计联络阶段确定。

⑤ 跳停指示。根据控制中心值班员操作发送的命令,在发车计时器上显示跳停标志。具体实现方法在设计联络阶段确定。

(9)向旅客向导系统发送来自中心的列车信息。ATS 子系统根据正在使用的当天计划运行图和列车实际运行信息,向旅客向导系统实时提供预测的计划列车到发信息和其他行车信息,如终到站、末班车等。

（10）向车站广播系统提供列车接近条件，作为列车到达预报的自动广播触发信号。

（11）正线设备集中站车站值班员工作站（HMI）提供的显示内容，如：

① 信号设备布置模型；

② 主要操作表示；

③ 信号机的状态表示；

④ 道岔位置表示；

⑤ 进路的锁闭状态表示；

⑥ 轨道及道岔区段的占用表示；

⑦ 反映进路控制过程的其他必要表示；

⑧ 站间闭塞状态的表示；

⑨ 扣车/提前发车等表示；

⑩ 紧急关闭表示；

⑪ 隔断门状态表示；

⑫ 主要设备的报警和其他必要的表示和报警。

其支持的控制操作为：

① 排列进路；

② 取消进路；

③ 信号重开；

④ 引导；

⑤ 引导总锁；

⑥ 总人工解锁；

⑦ 道岔总定；

⑧ 道岔总反；

⑨ 道岔单锁；

⑩ 道岔解锁；

⑪ 其他用户所要求的有关操作（包括扣车／终止扣车、站/遥控切换、提前发车、自动进路模式设置等操作）。

当按下带铅封的按钮，执行相对应的操作时，需要输入 3 位数字口令和再确认的附加操作。

四、正线非设备集中站 ATS 的主要功能

正线非设备集中站 ATS 主要完成以下功能：

（1）集中站与相邻两集中站管辖范围内各车站信号设备的状态显示；

（2）集中站管辖范围内各车站站台相关的显示功能；

（3）在站控模式下实现对本车站站台相关的人工控制功能；

（4）列车识别号显示；

（5）控制发车表示器显示，具体显示情况同正线设备集中站；

（6）向旅客向导系统发送来自中心的列车信息，具体信息同正线设备集中站；

（7）向车站广播系统提供列车接近条件，作为列车到达预报的自动广播触发信号；

（8）采集智能电源屏的维护信息；

（9）非设备集中站车站值班员工作站（HMI）上的显示，其与设备集中站车站值班员工作站（HMI）上的显示相同，但是其主要支持扣车、取消扣车、催发车等操作，但是不支持进路的排列和取消等操作。也就是说，其功能是相应设备集中站 ATS 人机界面的子集。

五、车辆段 ATS 的主要功能

在车辆段值班员工作站上主要完成以下功能：

（1）车辆段信号设备的状态显示；

（2）车辆段信号设备的人工控制功能；

（3）列车车组号显示；

（4）值班员通过 HMI 取得有关列车和司机数据等；

（5）显示当前使用的时刻表和计划列车的出入库信息。

在派班室工作站上主要完成以下功能：

（1）车辆段信号设备的状态显示；

（2）列车车组号显示；

（3）值班员通过 HMI 设置和取得有关列车和司机数据等；

（4）显示当前使用的时刻表和计划列车的出入库信息。

在车辆段值班员工作站和派班室工作站上主要完成以下信号显示功能：

（1）信号设备布置模型；

（2）主要操作表示；

（3）信号机的状态表示；

（4）道岔位置表示；

（5）进路的锁闭状态表示；

（6）轨道及道岔区段的占用表示；

（7）反映进路控制过程的其他必要表示；

（8）主要设备的报警和其他必要的表示和报警；

（9）列车车组号显示。

在车辆段值班员工作站上主要完成以下信号控制功能：

（1）排列进路；

（2）取消进路；

（3）信号重开；

（4）引导；

（5）引导总锁；

（6）总人工解锁；

（7）道岔总定；

（8）道岔总反；
（9）道岔单锁；
（10）道岔解锁；
（11）其他用户所要求的有关操作。

当按下带铅封的按钮，执行相对应的操作时，需要输入3位数字口令和再确认的附加操作。

任务三　ATS子系统的工作原理

一、信号设备管理

ATS子系统能够监控所有的正线车站信号设备与车辆段信号设备。

ATS子系统接收来自计算机联锁子系统的远程监视信息（二进制信息），该信息提供信号设备的状态。这些状态信息可存储，并以图形符号方式在调度员工作站和显示屏上显示。ATS监视的主要信号设备是道岔、轨道占用和信号机等。

ATS子系统将系统自动产生的命令及控制中心调度员、车站值班员发送的控制命令转发给计算机联锁子系统来控制信号设备。

ATS子系统主要有以下两种控制方式：

（1）人工（如通过人-机对话）；

（2）自动（无须人-机对话，如按照运行图或列车目的地自动触发进路）。

ATS人工控制的主要信号设备是：

（1）进路：人工设置/取消进路。

（2）信号机：禁止/使能以某信号机为始端的一条进路被ATS自动控制，信号机重开，信号机特殊开放/关闭等。

（3）道岔：单操定位或反位，单锁/解除单锁。

（4）站台：扣车、提前发车和跳停等。

不管是什么控制方式（人工或自动），ATS子系统都要根据联锁的一般原理初步校验完成所执行的控制命令的一些条件，这些条件取决于控制设备的状态。若校验成立，远程控制命令就发送到计算机联锁；否则，如果命令为人工设置，弹出一个报警框或发一条特定的报警提示操作员，操作失败。

二、列车描述

1. 介　绍

ATS子系统中的每一列列车都对应一个列车识别号，此识别号显示于调度员工作站屏幕和显示屏的车次窗中。

列车识别号主要是由列车表号、车次号、车组号、目的地号组成。

（1）表号：作为系统对正线列车的辨认，在一天的服务中保持不变。表号一般由两位数字组成。

（2）车次号：为某一趟列车的服务号，它随着列车的折返和上下行的变化而变化（变化规律可以在设计联络时定义）。车次号一般由三位数字组成。

（3）车组号：为某一特定列车编组的编号。车组号一般由三位数字组成。

（4）目的地号：列车运行目的地的编号。目的地号一般由两位数字组成。

2. 列车识别号跟踪原理

在移动闭塞情况下，列车的移动是根据 ATP/ATO 系统周期性发送的列车位置信息来计算的。在该列车位置信息中包含列车车头号、车尾号、位置、速度、方向等信息。ATS 子系统通过记录并比较前后两次收到的信息，正常情况下可以检测以下几种基本的移动类型：

（1）出现：当收到的列车信息中包含当前系统中不存在的车头号和车尾号时，系统就会认为出现了一辆新的列车，并将它纳入 ATS 的列车管理。

（2）行进：系统通过比较列车的当前位置和前一次收到的位置信息来将列车识别号从一个车次窗移到另一个车次窗内。移动闭塞系统会将一个轨道区段划分成若干小段，每一段都有自己的车次窗，这样对于较长的轨道区段就能提供比轨道占用更精确的列车定位信息。具体的车次窗设置数量，应满足地铁运营需求，并将在设计联络中详细确认。列车的行进方向在列车的位置信息中描述。

（3）停止：对于车地通信正常的车，列车停止是通过列车位置信息中的速度来判断的。

（4）消失：当系统在预定的时间范围（系统参数）内一直没有收到列车位置信息时，则认为列车消失。对消失列车系统有两种处理方法：

① 如果判断列车正处在 ATS 区域边界上并且行进方向是离开该区域的，则删除该列车。

② 其余情况则标记该列车消失，如果列车重新出现，则继续进行原识别号跟踪。

在站间闭塞的情况下，列车的移动是根据计轴占用的状态、道岔位置和进路状态来计算的。正常情况下，该系统能检测以下基本的移动类型：

（1）出现：列车的出现是由边界计轴的占用检测到或由一个计轴占用，接着相邻的计轴也占用检测到。

（2）行进：列车的行进通过位于列车前方的计轴占用或位于列车后方的计轴占用出清检测。

（3）反向行驶：列车的反向行驶是通过列车后方的计轴占用或列车头部计轴占用的出清检测。

（4）消失：列车的消失是由边界计轴占用的出清和边界计轴占用前方的计轴空闲检测到；列车的消失或由列车占用的计轴全部出清检测到。此时，列车标号被清除。

列车识别号由控制中心 ATS 根据计划运行图、列车位置自动地生成或根据车辆段派班工作站的定义生成，且列车识别号随着列车的走行，自动跟踪，调度员可以定义、删除、移位、变更和查找列车识别号。

在列车识别号因故丢失的情况下，系统能根据运行图、列车位置及时间和车地信息交换自动推算并自动设置列车识别号，同时提示调度员确认。ATS通过车地通信接收到列车发送的列车识别号后，比较自己追踪的列车识别号和从列车接收的列车识别号，如果两者不一致，则以自己追踪的识别号为准，向列车发送自己的列车识别号以校正列车上的识别号。如果ATS没有列车识别号，ATS采用从列车接收到的列车识别号。

在收不到列车信息的情况下，当轨道占用或车站故障时，可以通过计轴切除或车站切除，保证列车识别号的正常跟踪。

正常运营过程中，当列车由车辆段进入正线，在转换轨处，系统根据当天运行图或派班计划自动给列车分配表号、车次号和目的地号；当列车到达终端站，折返作业完成后，列车跟踪系统按照实时运行图为计划车自动找出新表号、车次号和目的地号，新列车识别号显示在该列车现在位置的折返轨股道窗上。对于将退出服务的列车（回段列车），在转换轨处，列车识别号中的表号、车次号和目的地号将自动去除，系统继续跟踪列车的识别号，在车辆段库线的车次窗内只显示列车的车组号。

3. 列车显示

在ATS子系统的显示界面上，正线车站的一个计轴区段对应若干车次窗，车辆段的一个轨道区段对应一个车次窗。

列车运行时，列车识别号显示在车头所在位置对应的车次窗中，当车头位置发生变化时，列车识别号在新车次窗中显示的同时将在旧车次窗中清除。

车次号可以通过不同的背景色来区分车地通信正常状态、异常状态、列车休眠状态和占用追踪状态等，通过不同的前景色来区分非计划列车、准点列车、晚点列车、早点列车，通过箭头状态来显示列车运行方向及驾驶模式等信息。在用列车位置信息进行识别号追踪时，当两辆车的识别号被移入同一车次窗时，将有车次窗溢出标志显示。具体显示方式在设计联络中商定。

车次窗中车次号的显示为五位：

（1）对于计划车，车次窗的显示为表号+车次号，其中表号为两位，车次号为三位。

（2）对于头码车，车次窗的显示为目的地号+车组号，其中目的地号为两位，车组号为三位。

（3）对于人工车，车次窗的显示为M0+车组号。

三、进路操作

操作人员任何时候都可以对进路进行人工设置，在中心控制模式下由中心调度员完成，在车站控制模式下由车站值班员完成。但为了提高系统的自动化程度，ATS子系统提供了自动设置进路的功能，它只适用于正向列车运行。

1. 自动进路

自动进路：设置自动进路后，进路自动建立。当列车通过后，进路不解锁。当列车越过相关区段后，进路自动建立。

ATS 提供设置自动进路的操作命令。

2. 自动折返进路

自动折返进路一般用在线路的折返点。一个自动折返模式关联两条进路，一条为进入折返线的进路，另一条为出折返线的进路。在自动折返设置之后，一旦进入折返线的进路触发轨道被占用且该进路建立的联锁条件满足，由联锁自动办理该进路；在折返轨被占用之后，如果出折返线的进路联锁条件满足，由联锁自动办理出折返线的进路。ATS 提供设置折返模式的操作命令。具体方式设计联络时确定。

3. 按运行图或目的地自动设置进路

按运行图或目的地自动设置进路是根据列车识别号，在运行图中找到列车的计划运行路径，或者根据识别号中的目的地信息，当列车占用触发轨时由 ATS 自动设置进路。在正方向接近终点站、分支点、出入车库处等信号机前方均可设置这些进路。

对于按运行图或目的地自动设置的进路，缺省情况下，每一条进路都是可以按照运行图或目的地自动触发办理的。调度员可以人工禁止某一条进路的按图或按目的地自动办理。被自动触发的进路其始端信号机前方的几个轨道被当作进路的触发轨。如果列车没有识别号，就没有目的地，也不能从计划中找到列车的运行路径，进路的自动设置功能失效。

当有两列车触发的自动进路互相冲突时，系统弹出对话框告知调度员，并且提出解决方法供调度员选择。

进路的自动设置，需要以下条件：

（1）被触发的进路的自动设置模式未被禁止；
（2）合法的目的地或有运行图；
（3）占用触发轨；
（4）正方向运行；
（5）联锁条件满足。

四、时刻表/运行图编辑和管理功能

ATS 子系统中主要对时刻表/运行图编辑和管理提供在线运行图维护和离线运行图编辑功能。系统能实现特殊折返作业条件下的运行图的编辑与管理，全线所有有折返作业的地点均可以纳入运行图的管理。

1. 运行图离线编辑

在计算机辅助下完成基本列车时刻表/运行图的编制。ATS 子系统主要可以提供以下两种运行图编辑方式：

（1）自动生成方式：由编图人员输入基本数据（包括各区间运行时间、车站停站时间、运行间隔、起始和终到站、时间段、可用列车数、列车折返要求等信息），由计算机辅助自动编制基本列车时刻表/运行图。编图人员在编制列车时刻表/运行图时，能随时有效地进行人工修改，并可以将以往经分析处理过的实际客流信息和客流统计报告（其他系统提供）

作为编制列车时刻表/运行图的参考。运行图在编制过程及编制完成后能在显示终端上显示,以便于编图过程中的人机交互。

(2)人工输入方式:编图人员可以人工创建一个空的运行图,通过添加列车、修改、平移和拷贝等功能自动生成所需的运行图;也可根据已有的运行图创建一个新的运行图,通过修改、平移功能快速生成所需的运行图。以图形方式生成运行图时,可以对计划列车的所有运行图信息(如所选路径、各区间运行时间、车站停站时间、起始和终到站、时间段、列车折返要求等)通过菜单方式进行精确查找与定义,并实时地在显示终端上显示。

在运行图编制过程中,编图软件能自动进行最小运行间隔、站台占用和折返线占用等冲突进行检查,在报警信息栏给出明确的冲突原因和位置,并给出修改建议,以便编图人员修改。

运行图编制完成后,利用系统仿真工作站上的仿真程序,在该运行图的控制之下,以十倍速度仿真线路上列车的运行,检查运行图的正确性。

基本运行图编制完成后,按不同种类(如秋季平日、夏季平日、节假日、特殊情况等)存入数据库内,以备调度员随时调用。基本运行图的数据不得进行擅自修改,当必须修改时,由专门维护人员在时刻表工作站上按照有关命令进行。系统数据库服务器中提供储存了10种以上基本运行图的容量,并可对服务器中的数据进行一致性检查;也可将基本运行图导出至文件保存到光盘介质中。

2. 运行图在线管理

每天运行开始前从数据库中调用一个基本运行图,经修改或确认后,即成为当日的计划运行图,并在控制中心各工作站上显示。运营期间也可以对当日的计划运行图进行在线修改(主要包括加车、删车、修改、平移和更名等功能);也可以配置一个运行图使用的周计划,由ATS在设定时刻自动加载运行图。

在调度员工作站上能以图形的方式同时显示当天的计划运行图和实迹运行图,并以不同的颜色显示;并且可以在同一画面打印指定时间段的当天的计划运行图和实迹运行图。

每天运营结束后,当天的实迹运行图被自动储存在数据库服务器中,该实迹运行图30天后被自动删除。如有必要,可以通过ATS的备份工具自动备份到其他磁盘或光盘中。储存的数据可以随时从服务器中调出来进行打印和显示。

五、运行调整

1. 自动调整

(1)按图调整。

该功能应用于使用运行图的自动调整模式。自动列车调整基于运行图中的列车计划线的时间特性。按图调整只对运行图中存在列车识别号的列车有效。

同样,一列列车,它虽然对应运行图中存在的列车识别号,但它的运行方向和运行图不符,对这样的列车不进行调整,直到它回到正常的线路。当列车的早/晚点时间超出"非常早/晚点时间"限定值时,对这样的列车也不进行调整,但是ATS提出报警信息。调整原则应用于某一给定的列车，按照该列车的运行图进行调整，和其他列车可能的延迟无关，因为列车的最小运行间隔是由 ATP 系统保证的。

（2）等间隔调整。

当列车运行发生大规模晚点，与当日的计划运行图偏离时间超过规定范围后，系统可以起始站或终到站为基点对所有列车自动按等间隔运行原则生成调整计划，经调度员确认后对全线列车进行调整。

为调整列车，ATS 子系统主要通过调整"停站时间"和"站间运行时间"两种方式：

ATS 子系统使用计划中的停站时间决定计划列车的发车时刻。当列车到达中间站或终端站的站台轨道时，就开始计算其停站时间（具体方式在设计联络时定义）。根据车的提前或延迟的具体情况，此停站时间可延长或缩短（如停站时间的范围：15~60 s），但是调整之后的停站时间最大不大于最大停站时间，最小不小于最小停站时间，最大和最小停站时间是可以调整的 ATS 系统参数。

ATS 子系统使用计划中设定的站间运行时间决定列车到达下一站的时刻。在列车停站时，根据列车的提前或延迟的具体情况，这个站的发车时间和下一个站的到达时间就可以计算出来，在列车停在站台期间将相应的站间运行时间控制命令发送到轨旁的 ATO 系统，从而控制列车的区间运行速度。

停站时间和站间运行时间的调整优先级定义如下：

列车到达时，若列车有延迟，ATS 通过减少停站时间来弥补延迟时间，直至停站时间到最小值。剩余的延迟时间通过缩短下一个站间运行时间来弥补。若列车提前了，则停站时间延长一段提前量，剩余的提前时间可通过延长下一个站间运行时间来弥补。

2. 人工调整

中心调度员可在任何时候通过以下方式对列车运行进行人工控制：

（1）对有关站台实施扣车、提前发车或跳停；

（2）改变列车在区间的走行时分、停站时分；

（3）对计划运行图进行在线修改，包括对单列车或多列车进行修改，甚至对所有列车进行"时间平移"，增加或删除运行计划线，改变列车的始发站，调整停站时间、终到站及始发时间，调整列车的出、入车辆段时间等。

六、信号系统维护信息和报警

通过控制中心显示屏及工作站显示器，能对车辆段线路（控制中心显示屏至少显示转换轨、出入段信号机及停车库线等状态，工作站显示器要显示整个车辆段的线路及进路状态），正线车站及区间轨道区段、道岔、信号机、列车识别号、在线列车运行状态、命令执行情况及系统设备状态等进行监视。当列车运行或信号设备发生异常时，根据不同的报警信息，控制中心计算机自动将有关信息在工作站报警框中给出报警提示。报警信息内容以时间和产生报警的设备、内容及状态等显示。可以通过选择打印报警信息类别，使所选的报警信息在事件打印机中实时打印输出，同时所有的报警信息都会在服务器中保存30天，并能以文本文件方式输出。

工作站上显示的报警信息按其对整个运营系统的影响分为A、B、C三类：

A类：直接对列车运行及设备能产生直接危害的报警。

B类：将对系统运营发生影响的报警。

C类：一般报警信息。

在工作站的报警信息框中，对于以上3种报警信息主要以以下方式显示：

（1）对于A类的报警信息，以红色高亮显示，并不断闪烁，伴有"嘟"声报警，提示调度员确认。

（2）对于B类的报警信息，以粉红色高亮显示，提示调度员确认。

（3）对于C类的报警信息，以绿色高亮显示，提示调度员确认。

对于调度员已确认的报警信息，以黑色显示。选择已确认的报警信息可以从报警信息框中清除它；也可以选择全部清除已确认的报警信息；没有确认的报警信息，不能被清除。所有报警信息的确认操作都可作为一个事件在报警报告中保存。报警信息的详细列表将在设计联络时定义。

报警信息在中心维修工作站和维修管理设备上应立即反应（无论工作站显示画面是否在报警站点），提示值班人员进行相应的处理。

另外对于系统事件，如现场信号设备状态变化、列车状态变化以及用户操作命令等，ATS也会在服务器中保存30天，并能以文本文件方式输出。用户可以根据事件信息中包含的事件日期、时间、发生地点、种类和所关联的操作人员等，生成报表并打印输出。事件的详细列表将在设计联络时定义。

七、统计与报表及其打印

ATS能自动对列车、车站、车次号以及各种运行指标等进行运行统计，具有自行生成报表功能，工作人员能对运行资料库进行访问，根据需求自行生成报表。所有报告均能根据要求进行显示和打印，并可以灵活保存为文本文件输出。生成的报告可有日常运营报告、时刻表报告、时刻表偏离报告、兑现率、准点率、车辆运行千米数、列车状态、信号设备状态、控制命令、告警、调度日志等，具体内容在设计联络中定义。

八、回放功能

在回放时，显示器上可以看到事先记录下来的所有线路运营和控制中心的操作情况，其主要通过以下工作原理实现。

1. 数据采集

在ATS的服务器上有一个专门记录回放数据的目录，从前一天的零点到当天的零点，所有的回放数据都记录在一个以日期命名的文件内。ATS的容量可以保证收集保存至少30

天的数据。超出30天的历史数据会被自动删除。在被删除之前，回放日志文件可以手动或自动保存于其他指定磁盘。在执行回放功能时，指定待回放的时间段后，回放软件可以自动地从服务器中读取需回放的记录。

2. 采集数据的回放

有一个单独的回放应用软件用于回放以前存储的回放数据，该程序可以安装在控制中心的任何一台工作站上，回放程序的运行对系统的正常使用没有任何影响。回放程序启动后自动从服务器上读取回放数据，生成用于回放的临时文件，然后该应用程序再从此临时文件中读取回放数据。如果某一时间段内的数据在两台服务器上都有，回放软件将自动合并这些数据，合并操作对用户不可见。

回放包括控制命令的回放，显示在何时何工作站哪个调度员执行了何种命令，在回放的注释窗口中可以查看该命令的相关信息。回放时间段内信号设备的状态变化、列车识别号追踪、列车的早晚点信息、系统设备的报警、接口设备的状态变化也可在相应的对话框中查看。

3. 回放控制

在工作站上启动回放程序，进入回放操作界面，该窗口允许用户控制回放的方式，如普通、快、最快、慢、最慢、暂停、开始、步进、秒进等。

九、人机界面

工作站的人机界面显示主要采用高分辨率（1 600 ppi × 1 200 ppi）的液晶显示器清晰地显示整条线路站场图分布与运行图显示。工作站的界面包括两个全屏幕的窗口：一个用于显示计划运行图和实迹运行图以及提供与运行图相关的操作；另一个提供站场信号设备布局图以及相关的操作界面。在双屏的工作站上，一个屏幕是站场布局图窗口，另一个屏幕是计划图显示窗口；在单屏的工作站上，可以通过切换方式将其中一个窗口放置在前台。

所有的人机接口使用中文界面，事件和报警打印、报告打印也使用中文。

站场布局图窗口主要由标题区、菜单区、设备状态区、站场选择区、站场显示区、时间显示区、报警显示区等几个区域组成。

（1）标题区：显示应用程序的名称和其他相关信息。

（2）菜单区：用户可以通过点击菜单区的菜单选项，激活操作命令输入对话框，完成系统登录、系统退出、控制、显示内容选择和报告显示打印等功能。根据用户类型的不同，可以使用的菜单选项也不同。

（3）设备状态区：显示控制中心其他设备的在线状态。

（4）站场选择区：点击站场选择区的车站名称按钮，可以将选择的车站显示在站场显示区的中央。

（5）站场显示区：车站信号设备的状态和布置显示在这个区域，显示内容至少包括各类信号机状态、道岔位置和锁闭状态、轨道的占用出清或锁闭状态、闭塞表示灯、自动进路和自动折返表示灯、站台、总报警灯、站控/中控表示灯等。用户可以通过点击站场显示区的信号机或站台等激活相关的控制对话框，进行设置进路、取消进路、扣车等操作。当车站的站场信息因为通信或其他原因不能在该显示区正常显示时，该车站的站场显示所有的图标信息，以免出现假表示，并需提示操作人员目前的故障状态。

（6）时间显示区：这里用来显示来自于时钟同步系统的当前时间。

（7）报警显示区：系统告警或从其他系统接收的报警显示在该区域。用户可以高亮度选中一条告警并点击确认按钮确认该报警；点击清除按钮，可以删除所选择的已确认的报警信息；点击全清除，可以清除所有已确认的报警信息。

运行图显示窗口主要由菜单区、计划显示区、当前系统运行状态区、列车信息区等组成。

（1）菜单区：用户可以通过点击本菜单区的菜单选项，激活操作输入对话框，实现定义创建当天计划、显示/隐藏当天计划或当天实迹、下载以前的历史计划、打印等功能。

（2）计划显示区：用户可在此看到当天计划和当天实迹；通过下载以前的历史计划，还可以查看指定日期的历史计划；用户可以通过菜单选择显示当天计划还是当天实迹，或者两个都显示运营信息区。

（3）当前系统运行状态区：该区位于计划显示界面的下部，显示当前计划的一些状态信息，如接收计划、列车到站等。

（4）列车信息区：该区位于计划显示界面的右面，用于显示车次号信息。

具体界面显示需求在设计联络时讨论。

用户必须登录工作站获得使用工作站功能的权利。在登录时，由工作站的属性决定了什么功能可以使用；维护员工作站、培训员工作站不允许设置进路等影响列车运行安全的操作；调度员工作站不允许对系统进行维护。在工作站上输入按职责权分类的系统操作人员登录口令，实现操作人员登记进入确认和登记退出。

各种功能通常用鼠标在显示的不同菜单上选择。每个菜单都有标有菜单名称的按钮，选择一个按钮就选择了相应的功能。数据可以用标准键盘输入，或用鼠标选择相应的控制元素。

十、控制中心与车站的控制模式转换

ATS子系统包括遥控、站控两种模式。在设备集中站和ATS控制中心通信正常的情况下，由车站值班员和中心调度员办理授、受权手续后完成站控和遥控的转换。在紧急情况下，车站值班员可以不经授权立刻转到站控。模式转换时，检查条件和状态保留等在设计联络是确定。

十一、故障情况下的降级处理

控制中心人工控制：当有非计划列车、紧急情况时，该功能允许中心调度员在遥控模式下，人工控制进路和信号设备。中心调度员也可扣车，并在任何时候提前发车，也可决定跳停的车站，以及人工设置停站时间、区间运行时间等。

控制中心 ATS 故障，车站 ATS 根据车站时刻表、列车识别号、列车位置等信息自动设置进路及控制发车时机，但是自动调整停站时间和运行等级的功能不再被支持，此时列车的位置只能从联锁系统的计轴占用信息获得。

车站人工控制：在站控模式下，车站值班员可以人工设置进路及站间闭塞、控制信号设备、扣车和提前发车。

车站 ATS 故障：在车站冗余 ATS 完全故障情况下，车站值班员可以先退出备用的设备集中站 HMI 计算机，然后修改这个计算机的 IP 地址为原来的两个 LATS 中的任意一个，实现车站的控制功能。在设计联络阶段将详细确定这种特定情况下的操作规程。

十二、控制中心与车站通信

控制中心与车站之间通过可靠的 100M 主备以太网接口，将中心和车站的设备分别连接在冗余以太网中，确保了系统通信的高速率、高可靠性与冗余性。

十三、ATS 主机

CATS 应用服务器为 ATS 系统的数据处理中枢，它获得全线车站、车辆段以及外部系统的数据后，执行站场状态处理、车次号追踪、告警处理等各项逻辑，并将站场图显示、告警、列车状态等各种信息发往各 ATS 工作站、ATS 终端和显示屏显示。它维护列车运行计划，根据实际列车运行情况，生成各种自动调度和自动调整命令，并传送到计算机联锁、ATO 和发车指示器等外部系统执行。它处理调度人员、维护人员、车辆段派班人员的各种操作请求，并发送到相关系统执行。它保存系统日常运行的各种数据，供各种事后分析和回放。CATS 应用服务器还负责向无线、建筑设备自动化系统（BAS）等外部系统发送相应的信息。CATS 服务器为双机热备设计，备机实时从主机获得同步的各种数据，在主机故障情况下可以快速切换。

十四、数据库服务器和磁盘阵列

在数据库服务器上运行数据库例程，两台数据库服务器是双机冗余的，数据库例程接受数据库访问。数据库数据如计划数据、列车运行数据、列车编组信息等存放在磁盘阵列上，以便系统调用和查看。

十五、调度工作站

ATS 子系统有 5 台行车调度工作站，其中有 1 台调度长工作站、1 台远程调度长工作站、3 台调度员工作站。各调度工作站在硬件和软件上具有相同的结构，控制功能可以互为备用，根据安装位置和登录用户角色的不同来完成不同的功能。其人-机界面对话窗口包括以下几部分：列车监控、联锁控制、时刻表/运行图编辑与管理、列车调度管理、系统设备监测、车辆管理、线路管理、职责和授权、报警及报表等，并在相应的对话窗口中对相应的控制对象进行监控。调度工作站的双显示器输出控制相对独立，一个显示器故障，可由另一台显示器完成全部的显示及控制功能。

十六、维护工作站

维护工作站用于监视记录全线信号设备的运行状态、故障报警、重要事件等，并进行网络管理。

十七、时刻表工作站

时刻表工作站用于时刻表的离线管理与维护。

十八、网络拓扑及网络设备

在控制中心、各正线设备集中站、正线非设备集中站、车辆段均有自己的冗余100M局域网，各局域网通过100M以太网接口连到100M冗余主干网，整个系统构成一个冗余、可靠、高速的广域网。

十九、通信前置机

通信前置机软件作为控制中心ATS系统的网关，负责转发CATS应用服务器与ATO设备、CLC之间的通信，同时负责为控制中心的外部系统（SCADA/FAS、CLOCK、无线、BAS）提供接入ATS的接口。通信前置机为双机热备运行。

二十、网关计算机

网关计算机用于ATS网段和信号网段之间的数据传输。

二十一、车站ATS分机（LATS）

车站ATS分机（LATS）负责控制中心和车站值班员工作站（HMI）与车站联锁系统之间的数据传输。同时，它也处理联锁系统送来的码位信息，并将站场显示信息、车次号信息送往车站值班员工作站（HMI）、车站显示终端、派室工作站的同时，接收在站控模式下由车站值班员发来的控制命令，将其发往联锁系统。车站ATS分机（LATS）能根据运行图或目的地触发列车自动进路。当列车到达站台后，车站ATS分机（LATS）将正确驱动发车计时器和旅客向导屏上的显示以及列车到达预报的自动广播。车站ATS分机（LATS）是双机冗余的。

二十二、车辆段工作站

车辆段工作站由信号楼值班员工作站和派班工作站组成。

二十三、正线设备集中站车站值班员工作站（HMI）

正线设备集中站车站值班员工作站（HMI）为车站值班员提供良好的系统人机界面。在此工作站上能正确显示集中站管辖范围内各车站信号设备、站台的状态和车次号，并能在站控模式下实现对集中站管辖范围内各车站信号设备和站台的人工控制功能。

当设备集中站的冗余 LATS 均故障的情况下，设备集中站的备用 HMI 可以通过退出既有程序，重新设置 IP 地址，实现车站控制功能。

1. 办理进路或办理保护进路

此功能通过人工完成指定进路的建立。

只有人工办理的保护进路才能办理，对于联锁自动办理的保护进路不能人工办理。

排列进路时，选中"排列进路"按钮，然后先按压进路的始端信号按钮，相应按钮灯闪白灯，提示窗口显示"始端—XX"；然后按压进路终端按钮，该按钮灯也闪白灯，若选进路条件满足，则提示窗口显示"始端—XX，终端—XX"，同时，排列进路灯点亮，表明进路办理完成；若选择条件不满足，则始终端信号按钮灯灭灯，并提示"始端—XX，终端—XX"和不满足的信息"—按钮不符""—选路不能""—有区段锁闭""—有区段占用"等。

2. 取消进路或取消保护进路

此功能通过人工取消指定进路。取消进路时，先选中"取消进路"按钮，然后按下相应的进路始端按钮，按钮灯点亮，提示窗口内显示"总取消—XXX"；松开"总取消"按钮和信号按钮，按钮灯均灭灯，操作结束。操作完成后，开放的防护信号机关闭信号；进路未接近锁闭，进路空闲，进路延时 5 s 解锁。

只有当进路正确建立后才能取消，如果试图取消正在办理的进路，系统会给出提示并拒绝执行。

3. 设置自动进路

此功能将设置指定的自动进路模式，操作成功后，进行特定的进路办理，其相应的表示灯亮绿。

自动进路在列车顺序占用、出清后不解锁，其防护信号机的显示随列车的运行自动开放或关闭。

自动进路设置前，若相应进路已存在，此时办理自动进路，则原进路转为自动进路。

自动进路设置时，若相应进路的联锁条件不满足，则自动进路命令保存，待条件满足时，自动建立相应进路。

4. 取消自动进路

此功能将指定进路的自动进路模式取消，相应的表示灯灭，但不改变进路的状态。在自动进路模式取消后，当列车顺序占用、出清该进路后，进路可以正常解锁。

列车占用相应自动进路时，办理自动进路的取消操作，进路不解锁。当列车出清自动进路后，先办理取消自动进路模式，再用总取消或总人工解锁方式解锁进路。

5. 自动折返进路

（1）自动折返进路的建立和取消。

① 建立时，按下自动折返进路按钮，信息提示窗口内显示"XX 自动折返"，自动折返进路表示灯点亮稳定白灯；此时相应进路自动建立、锁闭、开放信号。在列车顺序占用、出清该进路后，进路自动分段解锁，并能按顺序排列自动折返的其他进路。

② 取消时，按下自动折返进路按钮，信息提示窗口内显示"XX 自动折返取消"，自动折返进路表示灯灭灯；此时，已经锁闭的进路仍保持锁闭，在列车顺序占用出清该进路后，进路分段自动解锁，不再排列自动折返下一条进路。

（2）自动折返状态下的作业。

① 自动折返进路状态表示灯点亮白灯后，列车进入折返线和驶出折返线的进路能够自动排列，并开放信号，但驶出折返线的进路只有待列车停稳后才能自动选出。

② 互相重叠的自动折返和自动进路，先办理的有效，后办理的无效。

③ 办理自动折返前，进路存在时，则进路保持不变。

④ 自动折返进路命令取消，不改变进路状态。

⑤ 有两条（或以上）折返线的车站，根据需要分别设自动折返进路按钮。

二十四、正线非设备集中站车站值班员工作站（HMI）

正线非设备集中站车站值班员工作站（HMI）为车站值班员提供良好的系统人机界面。在此工作站上能正确显示集中站管辖范围内各车站的信号设备、站台的状态和车次号，并能在站控模式下实现对本车站站台的人工控制功能。

二十五、发车计时器和旅客向导的接口计算机

发车计时器和旅客向导的接口计算机接收车站 ATS 分机（LATS）发来的信息，正确驱动发车计时器和旅客向导屏上的显示以及列车到达预报的自动广播。正线非设备集中站的接口机还负责接收电源屏的维护信息。

项目四　列车运行超速防护系统

【项目描述】

列车运行自动防护系统（ATP）在城市轨道交通中承担着确保行车安全的重要责任，是保证列车速度安全的系统。它可以进行停车点防护、速度监督与超速防护、列车间隔控制和车门控制等功能。本项目将着重介绍 ATP 系统的框架、系统功能、系统工作原理等。

任务一　ATP 子系统组成

ATP/ATO 子系统分为轨旁设备和车载设备。

一、架构概述

图 4.1 给出了 ATP/ATO 组件和物理接口。

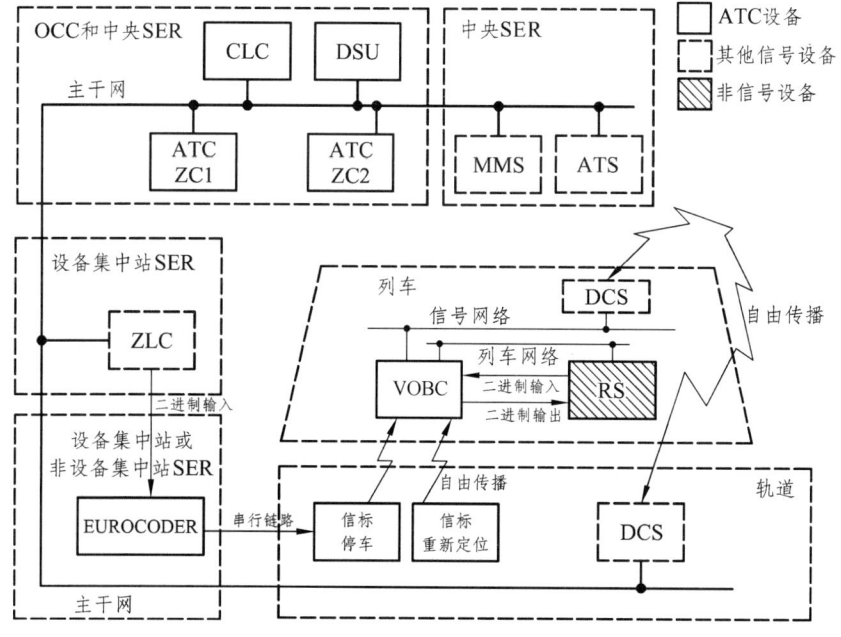

图 4.1　ATP/ATO 子系统和物理接口

二、ATP 车载设备

（1）车载控制器（VOBC）包括执行 ATP/ATO 功能所需的所有车载设备。VOBC 架构在图 4.2 中给出。每列车头尾两端车厢内均安装有相同的设备。

车载设备配置

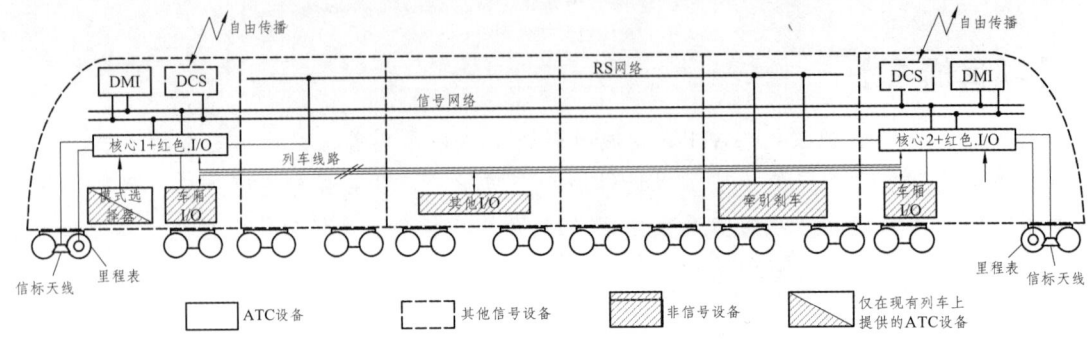

图 4.2 车载控制器和物理接口

（2）车载 ATP/ATO 是车头、车尾热备配置，单机的安全基于编码处理技术。编码处理器是专有的针对极高安全性要求应用的计算机环境，安全等级为 SIL4。项目列表如下：

① 1 个使用 ATP 和 ATO 软件的计算机核心（中央单元）。
② 1 台专用于冗余 I/O 管理的计算机。
③ 1 个通过信号网络连接到两个核心的 DMI。
④ 1 个连接到本地冗余 I/O 计算机的模式选择器。
⑤ 1 个连接到本地核心的信标天线。
⑥ 1 个连接到本地核心的里程计（见图 4.3）。

图 4.3 在轴端的里程计

借助信号冗余网络,每个核心连接到远程核心、本地和远程冗余 I/O 计算机、本地和远程 DMI。列车线数量仅限于车载信号冗余网络所需的芯线数。对于重要的 I/O,VOBC（见图 4.4）连接到车头 1 或车头 2 内的车辆设备。

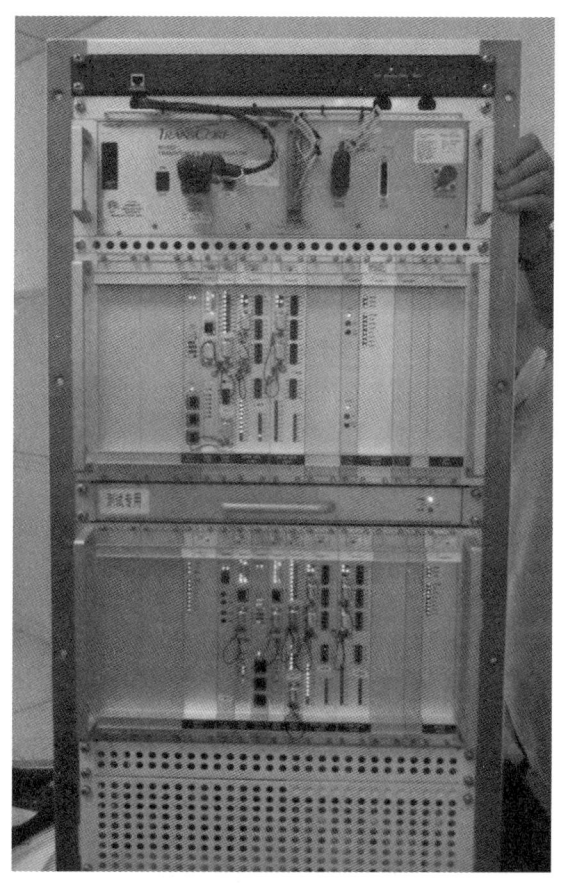

图 4.4　车载 VOBC 机柜

车载 VOBC 机柜用于车载设备（如 ATP 和 ATO）和轨旁设备间的传输数据。车载 ATP 和 ATO 子系统通过两个独立的以太网连接到 MR（见图 4.5）。一端的两根线缆互为冗余,即 A 网或 B 网。

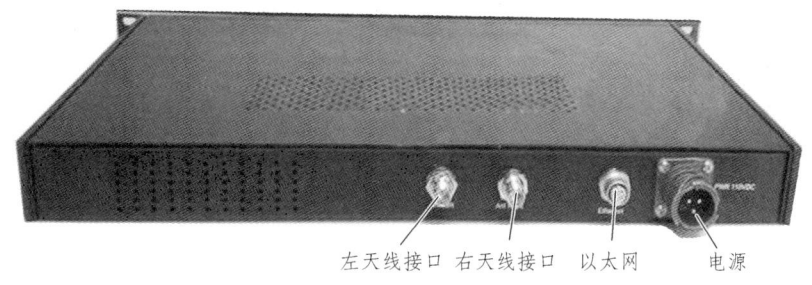

图 4.5　车载 MR 主机

车载 TI 天线负责从地面信标读取信息，TI 主机负责处理信号（见图 4.6~4.8）。

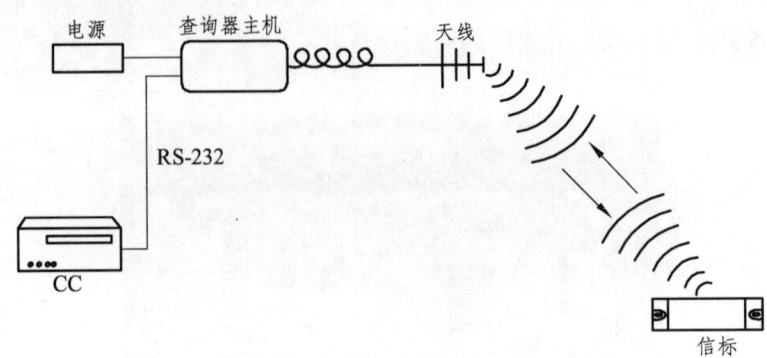

图 4.6　TI 接收信号过程

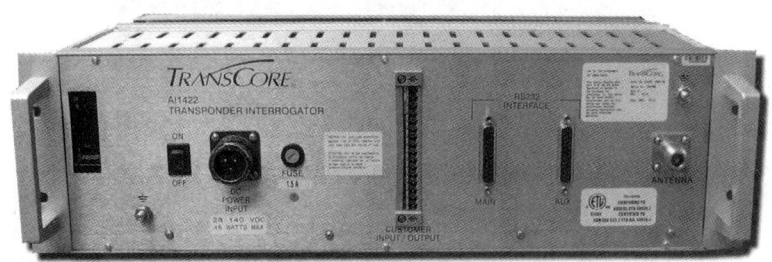

图 4.7　车载 TI 主机

图 4.8　车载 TI 天线

每个 VOBC 设置 4 个加速度计，包括两个数字型，两个模拟型，这两套设备互为冗余，如图 4.9 所示。

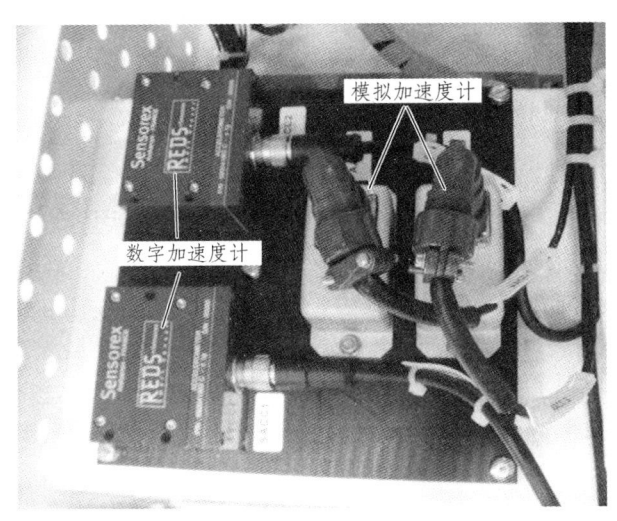

图 4.9 数字和模拟加速度计

空转/滑行开始时，列车使用空转/滑行开始前的速度，利用加速度仪进行补偿，来计算当前的速度和位置。只要列车的位置的不确定距离低于最大极限值（100 m），列车保持定位并继续正常运行。

内部接口如下：

① 所有计算机（核心和 I/O）通过内部冗余网络连接在一起。

② 核心及其设备（信标天线和里程计）间的链路为含有电源和信息数据线路的专门电缆。

③ 模式选择器和 I/O 计算机之间的重要输入由 2 根单独屏蔽的电缆组成。

外部接口如下：

① 其中一些连接到 RS 中已经存在的列车线路上，如车门关闭和锁定。

② 其他数据通过 RS 提供的网络与 RS 交换。

三、ATP 轨旁设备

（一）ATC 区域控制器（ZC）

ZC 管理每辆列车的位置并向每辆列车提供授权结束及相关变量。由一个或数个 ZC 管理整条线路，视列车数量和线路长度而定。

轨旁 ZC

1. ZC 功能介绍

（1）列车追踪。

ZC 获得每辆列车的位置，同时，比较每列车的位置和固定障碍物。列车追踪的主要目的是为安全列车间隔提供数据。该数据可以被看作是所有列车（CBTC 车、非 CBTC 车和非通信车）的一个网络的地图。

ZC 根据以下信息来建立轨道占用地图：
- 对于非 CBTC 列车，根据计轴区段占用情况。
- 对于 CBTC 列车，根据 VOBC 提供的列车位置报告。
- 道岔位置。

每个 VOBC 都提供包含列车识别信息的位置报告，包括车头和车尾的位置、安全计算的位置不确定性以及运行方向。列车识别信息实际上就是 VOBC 编号，通过为每列车编码，防止两个 VOBC 的编号相同。

每个通信列车都会向轨旁 ZC 发送其位置信息，其中包括如下内容：
- 列车识别号（Train Identity）：用于确定线路上单独列车的安全信息。
- 位置安全（Location Secured）：用于标记位置是否安全，当位置为安全时，其值为"真"。
- 最大车头和车尾位置：该信息可以保证列车的最大可能车长（考虑了所有的安全余量）。最大车头和车尾位置是基于列车的运行方向的，因此，如果列车的运行方向为"未知"，最大车头和车尾位置也为"未知"。
- 位置不确定性（Location Uncertainty）：用于识别列车位置不确定性的安全信息。如果位置不确定性太大，那么就不能被标记为位置安全。

只有当 VOBC 发送的位置信息被标记为位置安全时，ZC 才使用此位置信息（否则，ZC 弃用该位置信息）。对使用位置信息的所有安全功能，都需要使用被标记为位置安全的位置信息。

考虑位置的不确定性，ZC 就根据 VOBC 报告的非安全位置报告和位置不确定性来计算列车的安全位置，如图 4.10 所示。这保证了列车长度的最大化（即轨道占用计算的"最坏情况"）。

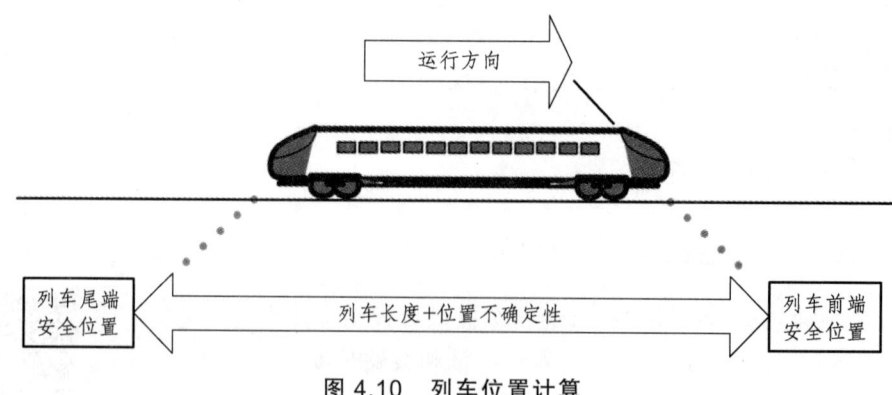

图 4.10　列车位置计算

（2）特殊区域保护。

CBTC 系统应可以保护某个区域。如果某个区域被保护，CBTC 禁止列车进入或者通过该区域。这些预先定义的区域叫作"移动授权区域"（MAZ）。

当一个与预定义区域关联的报警被激活时，就对此区域进行保护。该报警可以被列车调度员、工作人员、某自动装置或一列车激活。

当与此区域关联的报警消除并且从调度员处收到解锁命令时，释放对此区域的保护。在调度员的请求下，某些保护可以暂时解锁。

下列事件可能引起对某个区域的保护：

- 列车完整性丢失。
- 车门打开。
- 非正常屏蔽门开启。
- 站台紧急制动按钮按下。

（3）临时限速。

本功能用于保证 CBTC 系统实施由 ATS 操作员输入的临时限速（TSR）。

临时限速的信息应包括：

- 相关轨道信息。
- 临时限速的里程标限制：区域的始端里程标，区域的末端里程标。
- 施加的速度限制。

如果在同一段轨道上有几个重叠的临时限速（TSR），CBTC 系统应在此段轨道上施加所有临时限速中最低的限速值。此功能由车载控制器保证。

根据请求，CBTC 系统应将在线路上的所有有效的临时限速（TSR）信息发送给 ATS。

ZCR 是一个专用的 ZC 设备，它从 ATS 接收［通过数据存储单元（DSU）］临时限速（TSR）信息，并且向其他 ZC 广播 TSR 信息。

ZCR 定期向线路上其他 ZC 广播可用的 TSR。

ZC 定期向 ZCR 广播在线路上施加的 TSR。

ZCR 检查由操作员请求的 TSR 的执行情况。

ZC 定期向 VOBC 广播将要施加的 TSR。

VOBC 通知司机并且监控速度限制的执行情况。

（4）移动授权。

列车安全间隔基于前方列车瞬时停车原则。对于 CBTC 列车，列车位置的确定取决于基于 CBTC 系统的定位精度。对于非 CBTC 列车，列车的位置由轨旁设备确定（轨道电路或者计轴）。

CBTC 系统保证列车在 CBTC 区域内安全运行。

为此，CBTC 系统应得知列车的安全位置（CBTC 车和非 CBTC 车），以及通过联锁系统和 CBTC 设备得知轨旁信号设备的状态。

移动授权为下列当中最受限制的：

- 前方 CBTC 列车的车尾，并需要考虑位置不确定性。
- 轨道终点。
- 一条进路的入口，当此进路尚未确认开放或者锁闭时（这种情况可能是在此进路的某个区段上有敌对进路）。
- 一段受保护的轨道区段的边界（例如，某条不能保证列车安全运行的进路的入口）。
- 前方非 CBTC 列车占用的轨道电路或者计轴闭塞。

（5）ZC 重叠区域。

相邻的两个 ZC 之间有一个重叠区域，用于列车在两个 ZC 管辖区域之间的切换，在该区域内两个 ZC 都为列车计算 MAL，VOBC 使用最大的 MAL 作为移动授权。

VOBC 仅仅与它当前所占用区域的 ZC 通信。一旦列车穿越重叠区域边界，VOBC 开始与新的 ZC（接权 ZC）通信。在建立与接权 ZC 之间的通信后，VOBC 将切断与当前 ZC 之间的通信。接权 ZC 将负责与列车通信变成当前 ZC。

如果与接权 ZC 建立通信失败，VOBC 将继续与当前 ZC 通信，直到它完全出清当前 ZC 的辖区。如果与新 ZC 之间的通信建立失败，在边界点（通过轨道电路占用或计轴区段检测）上列车将被处理为非装备列车。

列车经过 ZC 重叠区域时典型的处理过程如下：

- 两个相邻的 ZC 共同管理 "区域重叠"。
- 在重叠区域里，两 ZC 都接收来自列车的报文（包括定位信息），并确保列车追踪。
- 两 ZC 都为在重叠区域内的列车计算 ZC_MAL，在重叠区域内的 VOBC 接收两个 ZC_MAL。VOBC 选择最长的一个 ZC_MAL。如果在重叠区域内 VOBC 仅从一个 ZC 接收到 ZC_MAL，认为该 ZC_MAL 就是其移动授权，如图 4.11 所示。

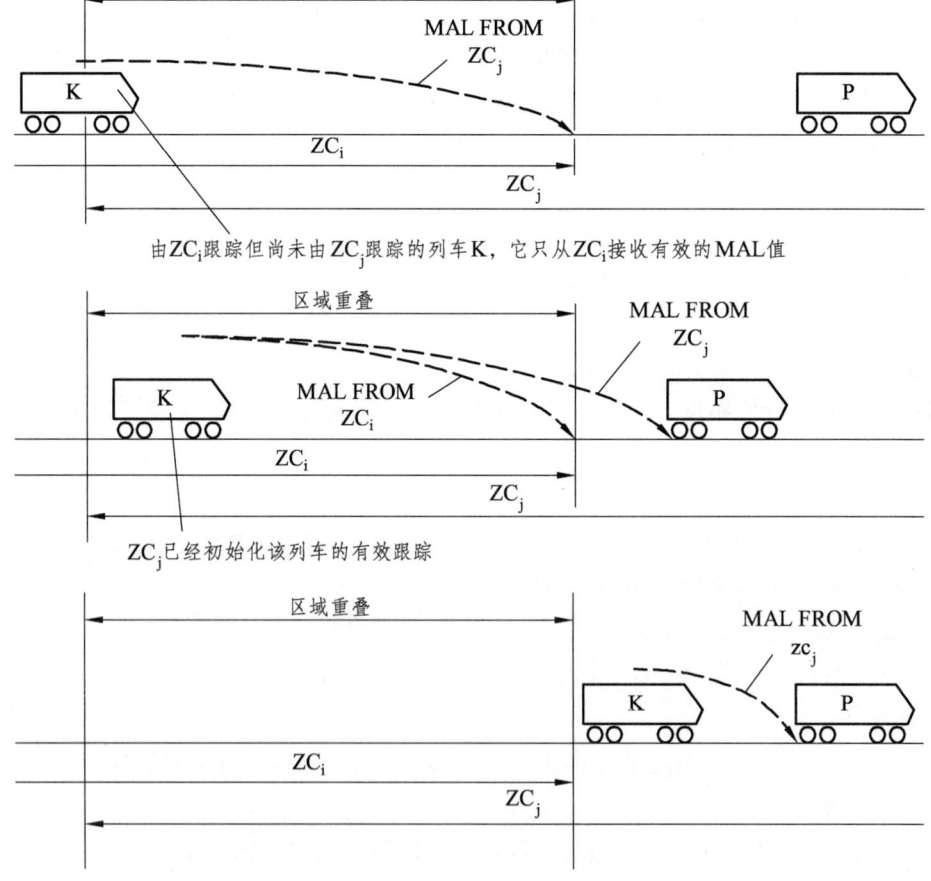

图 4.11 ZC 重叠区域

2. ZC 和其他系统的接口

（1）ZC 和 CBI 接口。

区域控制器负责 CBTC 与联锁设备之间的接口。

此接口使用以太网连接并使用如下协议：

- UDP/IP 标准协议。
- BIM_P 专有协议，用于连接的冗余性。
- WCN_P 专有协议，用于保护 CBTC 消息。
- SAFE_P 专有协议，用于针对损坏的安全数据和超时的安全数据的保护。

联锁-ZC 之间连接的冗余性由 DCS 系统保证。每个联锁设备和 ZC 设备都通过两个独立的网络连接与 DCS 系统连接。

设备间的延时管理：

当某个设备从另一个设备收到状态信息时，它将记录此信息并"建立"该信息的时间戳，直到：

- 它从另外的设备收到了更新的状态信息，原状态信息值将被最新的状态信息所替换。
- 原状态信息在某个时间段内没有更新（该时间段值是可以配置的），那么此状态信息值将被某个限制值所替换。

ZC 与 CBI 的接口所交换的信息如下：

- 信号机、计轴区段和道岔的状态信息。
- 与屏蔽门（PSD）控制有关的所有信息。
- 与屏蔽门（PSD）状态监控有关的报警信息。
- 相关按钮状态信息，包括紧急停车按钮、提前发车按钮、扣车按钮和自动折返按钮。

上述信息被定义为一组基本状态变量，作为 ZC 和联锁设备之间的状态信息的一部分。每个基本状态变量都有以下属性：

- 安全/非安全（该状态变量是否可以被安全功能使用）。
- 连续/离散（状态或者事件）。

（2）ZC 与相邻 ZC 接口。

在每个 ZC 周期里，ZC 向相邻 ZC 传输所有报文，独立于从相邻 ZC 接收到的报文（见图 4.12）。

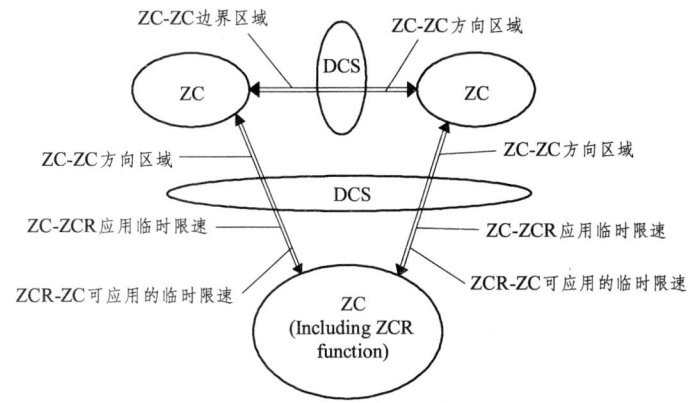

图 4.12 ZC 与相邻 ZC 的数据交换信息

每个 ZC-ZC 消息都包含发送方的时间戳和估计的接收方时间戳。

当在某个预先定义的时间段内仍没有收到相邻 ZC 的信息，则认为 ZC 之间的通信中断（结束）。

（3）ZC 与 VOBC 的接口。

ZC 与在其管辖区域内的 VOBC 进行双向通信，向 VOBC 发送和接收来自 VOBC 的信息（见图 4.13）：

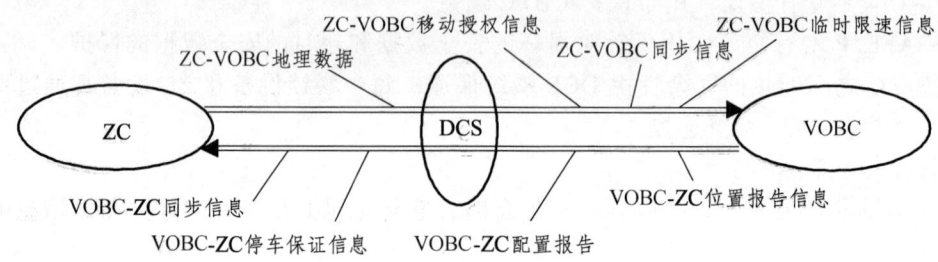

图 4.13　ZC 与 VOBC 的数据交换信息

向 VOBC 发送的信息如下：
- 移动授权（MAL）信息：包括向 VOBC 所授权的移动授权和停车保证请求。
- 一般性数据信息：包括特定区域内的信号机、计轴区段和道岔等基础信号设备的状态，一般性数据信息以线路区段（Line Section）为单位向 VOBC 发送。
- 临时限速（TSR）信息：包括与线路区段相关的临时限速，与该信息同时发送的还包括相关线路区段的安全数据库的版本信息，用于 VOBC 校检。
- 同步信息：用于 VOBC 来评估所收到的来自 ZC 的安全相关的信息的实效性（ZC 所发送的信息都包含时间戳）。该信息中还包含授权的 VOBC 软件版本信息。

从 VOBC 接收的信息如下：
- 位置报告信息：包括列车位置信息、VOBC 报警信息和信号机灭灯请求，该信息发送给 VOBC 所在区域的 ZC（在 ZC 重叠区域，则发送给两个 ZC）。
- 停车保证信息。
- 同步信息：用于 ZC 来评估所收到的来自 VOBC 的安全相关的信息的实效性（VOBC 所发送的信息都包含时间戳）。

（二）FRONTAM（FRONT And Maintenance）数据存储单元

1. FRONTAM 系统配置

FRONTAM 设备由以下单元组成：
- ➢ 两台应用服务器：两台应用服务器互为冗余，在单个服务器故障时自动进行主备切换。其功能主要是存储和管理轨道数据库，为 ATS 和 ZC 之间的通信提供接口。
- ➢ 一台存档服务器：存档服务器为单服务器配置，其故障不影响 CBTC 系统的运行，且故障恢复后，在故障期间未存档的信息会自动重新存档。
- ➢ KVM：提供上述三台服务器的人机接口。

图 4.14 为 FRONTAM 硬件。

图 4.14 FRONTAM 硬件

2. FRONTAM 功能

（1）轨道数据库。

线路网络由连接在一起的轨段（Segment）组成。一个轨道由下列要素定义：编号（ID）、起点、常规方向和长度。一个轨道只有一个编号（也就是两个轨道不能有相同的编号）。每个列车的点位和每段轨道特性由轨道的编号和偏移（轨道的起点和该点位之间的距离）来决定。

（2）操作协助。

操作协助功能包括：

➢ 收集和记录 ATS 操作命令（如临时限速命令）。
➢ 传输这些操作命令到 CBTC 系统的设备。
➢ 记录 CBTC 系统的动作状态。
➢ 传输这些状态到 ATS 子系统。
➢ 为 FRONTAM 操作员呈现这些状态并提供确认便利。

CBTC 系统的动作状态包括：

➢ 道岔位置。
➢ 临时限速状态。
➢ 屏蔽门报警。
➢ 列车位置。
➢ 列车驾驶模式。

- 列车门报警。

（3）维护协助。
- 收集和记录 CBTC 各个子系统产生的故障事件。
- 为维护人员呈现这些故障事件，并提供友好的人机接口。
- 将故障事件发送给到中央维护子系统。

（4）数据记录。

FRONTAM =>ATS：

列车位置：
- 每个 VOBC 的运行状态。
- CBTC 设备运行状态。
- 列车完整性报警。
- 列车运行状态（驾驶模式、ATB 状态、任务、紧急制动）。
- 驾驶模式区域状态（给出在每个区域中哪些模式是禁止的）。
- TSR 状态。
- 扣车状态。
- PSD 报警。

ATS =>FRONTAM：

扣车请求：
- 列车调整请求。
- 列车准备请求。
- 列车完整性报警确认请求。
- TSR 请求。
- 折返请求。
- 任务请求。
- 驾驶模式区域请求（对特定的区域请求禁止某一模式）。
- 旁路 PSD 开启/报警（当 PSD 开启/报警时，允许列车进入车站）。

FRONTAM => ZC：
- 驾驶模式区域状态。
- CBTC 区域运行状态。
- 列车完整性报警确认请求。
- TSR 请求。

ZC => FRONTAM：
- ZC 运行状态。
- ZC 维护状态。
- 列车完整性报警确认。
- TSR 确认。

➢ 列车完整性报警状态。
➢ TSR 状态。

FRONTAM =>VOBC：
➢ 任务请求。
➢ 列车调整请求。
➢ 扣车请求。
➢ 列车折返请求。
➢ 轨道数据库目录。

VOBC=>FRONTAM：
➢ 列车位置。
➢ 列车任务状态。
➢ 列车调整状态。
➢ 扣车状态。
➢ 列车折返状态。
➢ 列车 EB 状态。
➢ VOBC 运行状态。
➢ VOBC 维护状态。
➢ 轨道数据库请求。

3. FRONTAM 和其他系统的接口

FRONTAM 与 ATS、ZC 和 VOBC 的通信是通过以太网实现的。FRONTAM 通过 DCS 系统的两个不同的子网分别与不同的设备进行通信，如图 4.15 所示。

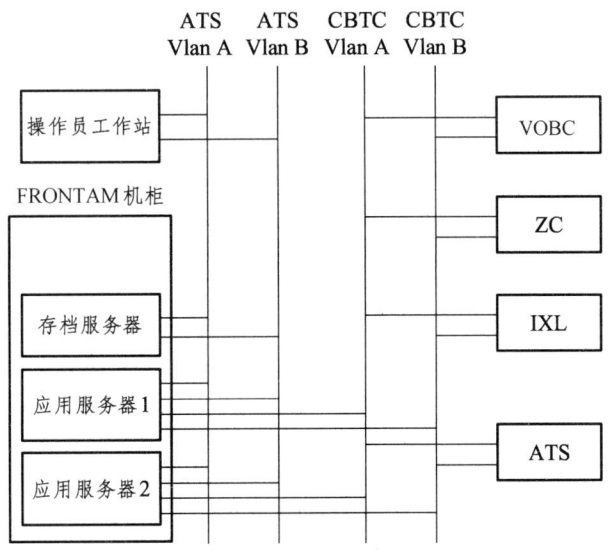

图 4.15　FRONTAM 接口图

➢ ATS Vlan：FRONTAM 通过 ATS Vlan 与 ATS 进行通信。FRONTAM 中连接到 ATS Vlan 的设备有两台应用服务器、存档服务器和操作员工作站。

➢ CBTC Vlan：FRONTAM 通过 CBTC Vlan 与 ZC 和 VOBC 通信。FRONTAM 中连接到 CBTC Vlan 的设备有两台应用服务器。

（1）FRONTAM 与 ATS 接口。

ATS 通过 FRONTAM 与 CBTC 系统来发送和接收数据。因此，ATS 到 ZC 以及 ZC 到 ATS 子系统之间的信息都是通过 FRONTAM 来转发的。

FRONTAM 负责采集、处理和传输 ATS 系统需要的所有的 CBTC 轨旁和车载信息。

对于与安全相关的信息，本接口支持安全命令协议，该协议由两个子系统之间交换的一系列信息组成。其允许设置和取消临时限速（TSR），以及报警的确认（如列车完整性丢失、PSD 报警）。

ATS 子系统发送给 CBTC 的命令应包括如下数据信息：

- 对于临时限速（设置和取消），应包括相应的轨道、限速区域的界限（起始和结束）以及操作员输入的限速值。
- 对于列车完整性丢失报警的确认，应包括列车的 ID 号。
- 对于 PSD 报警的确认，应包括 PSD 的 ID 号。
- 所有信息都应包括 CRC 校检和时间戳。

（2）FRONTAM 和 ZC 接口。

FRONTAM 和 ZC 循环交换 2 个功能报文（见图 4.16）：

➢ 一个从 ZC 到 FRONTAM 的"操作数据报告"报文。

➢ 一个从 ZC 到 FRONTAM 的"维护数据报告"报文。

FRONTAM 和 ZC 交换的事件功能报文（见图 4.16）：

➢ 从 FRONTAM 到 ZC 的"操作请求"报文。

➢ 从 ZC 到 FRONTAM 的"操作确认"报文。

➢ 从 FRONTAM 到 ZC 的"操作确认"报文。

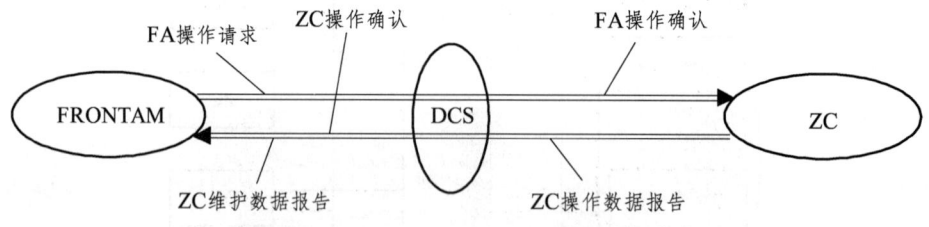

图 4.16 FRONTAM 与 ZC 的数据交换信息

（3）FRONTAM 和 VOBC 接口。

FRONTAM 和 VOBC 之间交换以下功能报文（见图 4.17）：

➢ 一个从 VOBC 到 FRONTAM 的"操作数据报告"报文。

➢ 一个从 VOBC 到 FRONTAM 的"维护数据报告"报文。

➢ 从 FRONTAM 到 VOBC 的"操作请求"报文。

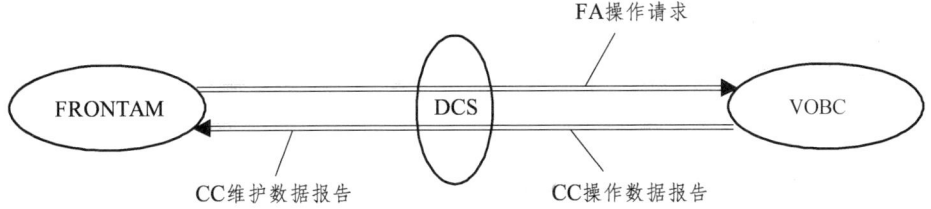

图 4.17 FRONTAM 与 VOBC 的数据交换信息

操作请求来自于 ATS 子系统。FRONTAM 操作请求有：
➢ 运行方向。
➢ 模式转换。
➢ 门控。
➢ 发车命令。
➢ 扣车命令。

（三）轨旁信标

RB 信标：VOBC 用它来进行列车运动重新定位，如图 4.18 所示。

图 4.18 用于重新定位的 Eurobalise 信标

这些信标在全线分配，使列车定位错误不会达到最大授权值，从而避免列车移位。

在线路上的某些特殊位置（转换轨和试车线）装有 MTIB，它由 2 个相隔 21 m（精确值）的 Eurobalise 信标组成，如图 4.19 所示。MTIB 用于车轮校准。

图 4.19 用于车轮校准的 Eurobalise 信标

在车站内,这些信标称为 PSBa(精确停车信标通告),ATO 进行精确停车时要用到它们。另一个 PSBa 的位置非常接近停车点,ATP 用它减小定位错误并正确执行车门打开授权功能。

Eurobalise 信标(用于站间闭塞):VOBC 用它接收下游区段状态。它们安装在线路信号机前防护。

静态列车初始化信标(STIB):VOBC 用它完成列车静态初始化。在侧线区、停车区以及车辆段和正线间的转换轨上需要这些信标,如图 4.20 所示。

图 4.20 STIB 信标

四、线路数据原理

线路分成如图 4.21 所示的区段、线路区域和 ATC 分区。

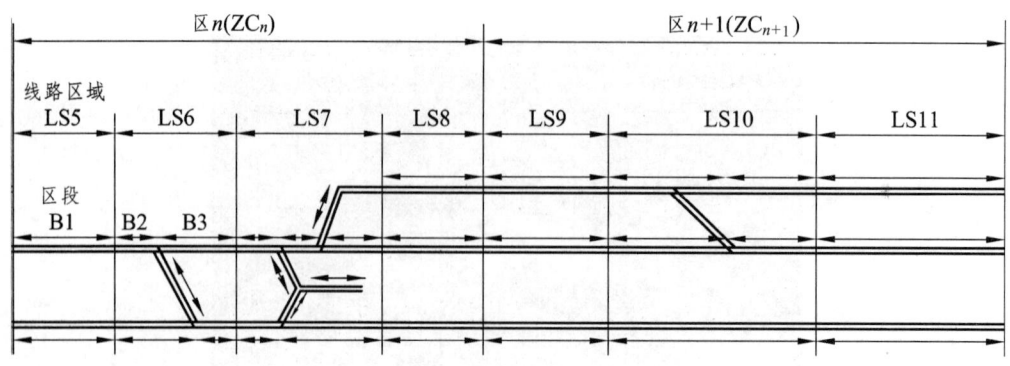

图 4.21 线路子部分

（1）区段：子部分的最小单元。一个区段可与一个二级列车检测区域（轨道电路或计轴设备）匹配，或是此区域的子部分。

区段被连接起来，即一个区段说明其标识、长度、上面的所有奇点，并给出下游区段和上游区段（一个分歧点最多 2 个区段，左和右）的标识。相同的区段以两个方向说明线路。需要时，方向与一种奇点相关。

计轴磁头

计轴主机

（2）线路区域：线路区域由一个或几个区段组成，它将变量收集到公共安全校验和保护的相同消息内。

ATC 区域控制器一次计算所有线路区域的安全校验和。它向每个车载控制器发送其 EOA 消息、所有线路区域的变量，以及从邻近 ZC、对应于边界线路区域收到的变量。VOBC 仅检查并使用其下游变量以及执行安全监视功能要用到的变量。

线路区域包括整个区段，描述区域开始和结束之间的两个轨道（或更多）。因此，线路区域仅连接到上游和下游的两个线路区域，或只连接到线路终点上的一个线路区域。线路区域与方向无关。

（3）ATC 分区：由 ATC 区域控制器管理的区域。一个 ZC 管理整个线路区域或仅仅一个子集。

若一条线路上使用几个 ZC，它们必须相互交换位于其边界的线路的变量。

区域控制器重叠区
移动授权选择

FRONTAM 管理轨道数据库的流程见图 4.22。

① FRONTAM→VOBC：每一个线路区段的轨道数据库。

② VOBC→FRONTAM：如果版本不一致，VOBC 请求下载轨道数据库。

③ FRONTAM→VOBC：VOBC 请求的部分轨道数据库，一个表接一个表分别发送。

④ ZC→VOBC：VOBC 可以使用的每一个线路区段的轨道数据库。

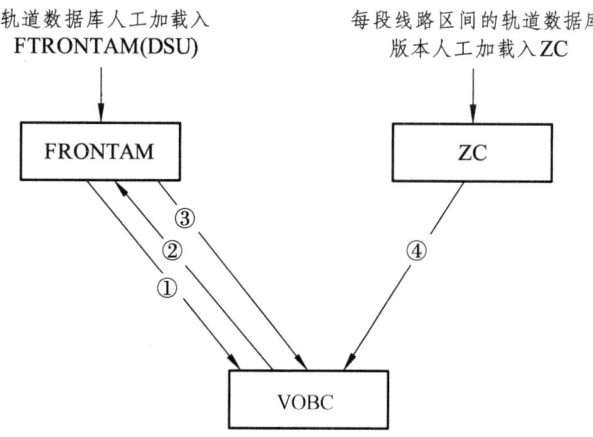

图 4.22　FRONTAM 数据流程

任务二 ATP系统功能

一、安全关键的ATP功能

(一)初始化

自动检测:上电时,车载控制器(VOBC)完成对软件集成和硬件设备(如编码里程计)健康状态的自动检测。前面车头驾驶室钥匙状态由列车设备提供。驾驶室一启动,列车设备的综合测试也将启动:VOBC控制紧急制动,同时监视列车设备提供的目前应用的紧急制动状态。

列车参数:列车类型由编码硬件插头决定。与此列车类型相关的常数参数列表被加载到软件中。

软件、线路说明和TSR:VOBC从中央线路控制器接收到软件的有效版本号、不变量和TSR,并将其与存储在非易失性存储器中的信息进行比较。若不是,它将发送请求,从DSU下载此信息。

若在初始化中检测到问题,VOBC不会授权任何驾驶模式,或仅授权限定的驾驶模式,视问题严重性而定。

(二)ATP功能

1. 列车位移和速度的测量

用列车轴上的编码里程计测量车轮的角速度可完成位移和速度的测量。编码里程计是故障导向安全的,即所有电气故障可用特殊的内部设备检测到。编码引入一种可检测里程计故障的信息冗余;未检测到的故障概率小于(1×10^{-12})。

大致比较运动读数以及冗余车载控制器设备和车辆提供的零速度信息即可检测机械故障(轴损坏或锁定)。

编码里程计布局独特,可检测旋转方向,也可精确检测零速度(用于车门监视的信息)。可检测的最小距离约为3 cm。

然而,车轮直径的精确度会引起测量出错。通过运动列车初始化信标(MTIB)时,系统自动校准车轮直径。此类信标由两个相隔一定距离的Eurobalise信标组成。这2个信标间的预定间隔用于校准里程计。VOBC将测量到的距离与预定间隙进行比较。校准的所有条件满足后,VOBC导出编码里程计的一个校准常数,然后将该值应用到所有未来的距离测量中。

与手动输入校准相比,自动校准功能无人为错误。最终校准由VOBC存储在其非易失性存储器中,这样一上电,VOBC即可立即以正确的校准值启动。

在正常使用中,由于车轮打滑现象,测量可能会出错。软件的检测和校正功能可减少此现象的影响。

2. 列车在网络中的定位

车载控制器有多种功能，而执行这些功能需要了解何值处列车位于网络上：速度监视、能量监视、紧急停车区域监视等。ATC 区域控制器也要了解列车位置，以执行移动闭塞功能。

列车在网络上的定位包括列车在线路说明上的定位。

整条线路的静态描述（轨旁设备、坡度、永久速度限制、车站说明等）由 VOBC 存储在非易失性存储器中。因此当这些数据有新版本时，VOBC 仅向数据存储单元请求下载，包括道岔状态、信号状态和授权结束的动态路线信息由 VOBC 从 ZC 定期接收。

VOBC 设备使用各种专门信标完成定位：用于静态初始化的 STIB 信标和用于运动重新定位的 RB 信标。这些信标向 VOBC 发送唯一的标识号，使 VOBC 可在数据库线路说明中搜索信标的位置，并推导出列车的当前位置。

在两个信标间，使用编码里程计测量列车位移可更新定位。

要复位位移计算中用到的错误，必须使用重新定位信标（RB）进行定期重新定位。此错误是编码里程计的内在错误和车轮打滑现象引起的。

在发生移位时，VOBC 只要读取第一个下游 RB 信标即可在线路上任何位置重新定位。列车未极化时，需要使用第二个 RB 信标。

3. 管理正向的列车检测

这是 ATP 子系统的定位功能。它确保了与列车定位的所有相关内容，如距离测量、轨道上的位置和移动授权管理。

每辆列车的车载控制器通过其里程计获得列车位移和速度。利用车载数据库线路信息（不变量和变量数据）和重新定位信标，即可计算列车位置并将其与列车速度一起发送给 ATC 区域控制器。

ZC 接收每个通信列车的位置并更新其区域内的列车列表。备用模式中使用的列车检测设备可管理静音列车和非配置列车运行在线路上的降级情况。ZC 根据联锁数据和下游列车数据的自动保护确定每辆列车的授权结束。此功能考虑了 TSR 和紧急停车区域（ESA）状态。有了 ESA，在授权列车以 CBTC 运行的区域也可得到管理。

4. 监视列车速度

此功能旨在监视列车速度，必须始终低于授权的速度限制。速度限制是以下速度中的最低速度：

（1）列车的最大速度，这取决于列车类型和驾驶模式。在 ATP 完全保护模式（CM、AM）中，授权的列车最大速度。在限制人工模式（RM）中，授权的最大速度受到限制。

（2）列车当前运行的轨道区域的永久速度限制（PSR）。这些限制主要是由于曲线、道岔、车站、桥梁等。

（3）列车跳停操作时的速度限制。

（4）列车当前运行的轨道区域的临时速度限制（TSR）。这些限制通常是由于轨道上的工程而设置的。TSR 是通过定义一个速度限制和在线上的地理位置（速度限制的起始点和终点），由 VOBC 的调度员或者是设有本地 ATS 的车站的值班员来设置的。

列车接近速度时，驾驶员将得到警告：必须制动。若无反应，车载设备将启动紧急制动。

5. 列车间隔监视

ZC 区域控制器根据移动闭塞原理管理列车间隔。每个车载控制器将一直向它运行区域的 ZC 发送位置和速度报告。若为静音列车，由于 VOBC 故障和未配置的列车，ZC 将使用二级列车检测设备状态，并认为整个闭塞区段被占用。

了解到运行在其控制区域的每辆列车的位置和速度后，ZC 将一直计算 EOA（授权结束）并向每个 VOBC 发送，EOA 显示下游的剩余距离没有列车。

二、非安全关键的 ATP/ATO 功能

1. 驾驶员信息的细化和显示

CBTC 的一大特点就是用车载信号代替轨旁信号。

驾驶员必须监视列车的实际速度，同时注意车载控制器计算出的目标速度。

速度表用于模拟显示当前速度和目标速度。

以下 ATP/ATO 信息显示在列车屏幕上：

（1）车载设备状态。

（2）两个蜂鸣器产生超速警告、EB 启动、发车命令、警告和信息、可用驾驶模式。

（3）当前的可用模式。

（4）当前的监视模式。

（5）发车命令。

（6）自动扣车和 ATS 扣车。

（7）ATP 启动的 EB。

（8）车载 ATP 设备产生的警告消息。

2. 协助操作车载扣车

自动扣车：列车停在车站时，车载控制器利用屏幕上的特定指示器或 ATO 软件告知驾驶员，何时下游无足够的空闲轨道可供列车完全离开站台。此信息由车载 ATP 软件使用授权结束消息（说明剩余距离）在本站生成。

ATS 扣车：当调度员需要列车停在车站时，ATS 系统向相关车站列车的车载控制器发送启动扣车命令。列车可离开车站时，发送停止扣车命令。扣车命令在屏幕上显示。

3. 协助驾驶员在限制点制动

驾驶模式处于 ATP（CM 模式）全面手动保护之下，且列车接近安全限制点时，驾驶员必须遵守降低目标速度的命令。否则，在发出听觉和视觉警告之后，车载 ATP 将紧急制动。

4. 协助折返操作

驾驶模式处于 ATP（AM 模式）全面自动保护之下时，ATO 软件将自动考虑此折返命令，然后将列车停在正确的停车位置进行折返操作。

5. 列车自动驾驶

这是 ATO 软件的主要功能。它向列车的牵引和制动系统发出速度控制指令。此功能确保：

（1）根据列车任务请求、监视和制动性能以及其他相关列车特性进行与计算出的速度值相关的速度控制。速度控制的实施能防止 ATP 检测到超速和能量过量。

（2）精确平滑的车站停车。

（3）预计与轨道设备相关的安全限制点：减速、间隔信号、缓冲停车等。

（4）预计与客车相关的安全限制点。

（5）速度控制系统能保持所选速度值内的车速，尽量补偿列车特性的发散。

（6）为使乘客更舒适，并达到平滑的驾驶和停车，应限制加速、减速和颠簸。

（7）若进行站间停车，则通过应用制动力（车站轨道坡度功能）来让列车静止。

6. 调节功能

（1）车站发车管理。

停在车站的列车的车载控制器 ATO 软件直接从 ATS 接收列车发车时间。只有停站时间结束后（或接收到发车时间后），司机按压启动按钮，ATO 软件才授权列车出站。这主要由 ATP 软件接收到的重要指示进行调节，该指示显示检测结果为所有车门已关闭和锁定。

（2）站间运行管理。

在线路上的任何位置，VOBC 的 ATO 软件都能从 ATS 调节系统接收到到达下一控制点的预期时间（如车站停车、信号停止点、分路路线终点）。

ATO 决定达到要求的站间运行水平所需的速度值。此速度值计算时充分考虑到节能和乘客的舒适。该值还考虑到轨道坡度和列车特性。

ATO 通过连续的轨道—列车传输来实时了解下一站间的轨道占用情况。根据前一列车的位置以及列车尾部离开下一控制点的预期时间，ATO 计算出速度值的最佳轨迹，获取最佳的行车间隔途径。

若 ATO 检测到前一辆列车出站时有延迟，速度值将自动调整以补偿延迟。

在高峰时间，ATO 可根据 ATS 的命令全速运行。在这种情况下，ATO 速度指令通过线路的安全曲线最大值获得。在非高峰时间，ATS 可请求"非全速"运行，可通过惰行运行调节运行时间，以节省能量。

为执行这些功能，ATO 使用不同的参数：在特定点和灵活时间段进行惰行运行、最大速度、加速和减速限制。图 4.23 给出了一些典型的调节策略。

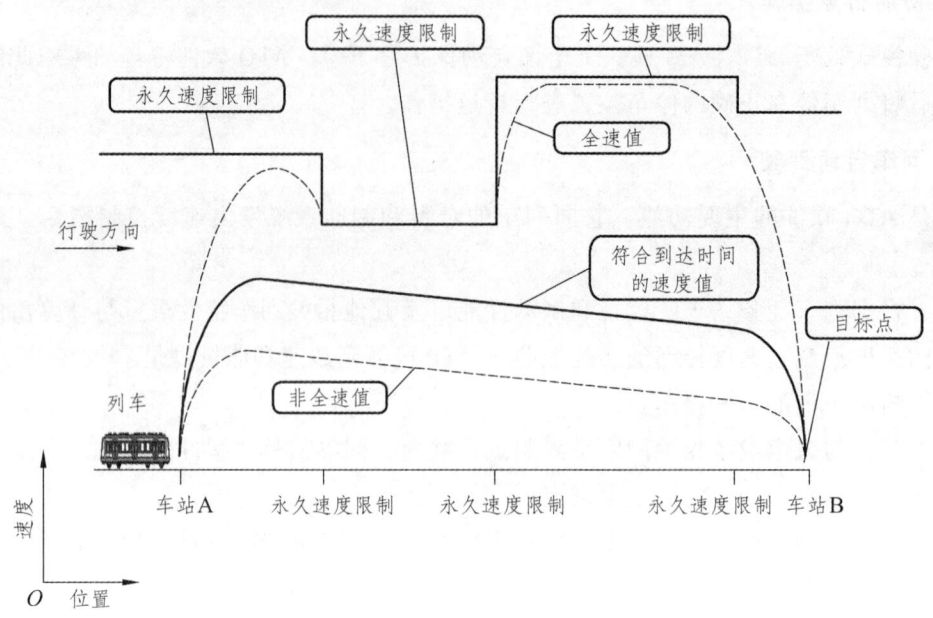

图 4.23 参考运行

7. 自动车站停车

VOBC 的 ATO 软件负责执行其任务中安排的及与其路线有关的精确车站停车。

运用位置测量功能可在站台正确停车。为保证精确度，通过轨旁重新定位信标即时更新列车位置。

对于每个车站停车点，ATO 需要两个重新定位信标，一个位于前端天线到列车停车点前方 30 m 处的位置，另一个位于使后端天线能够同时接收到信标信号的位置，如图 4.24 所示。这些信标称为精确停车信标通告（PSBa）。

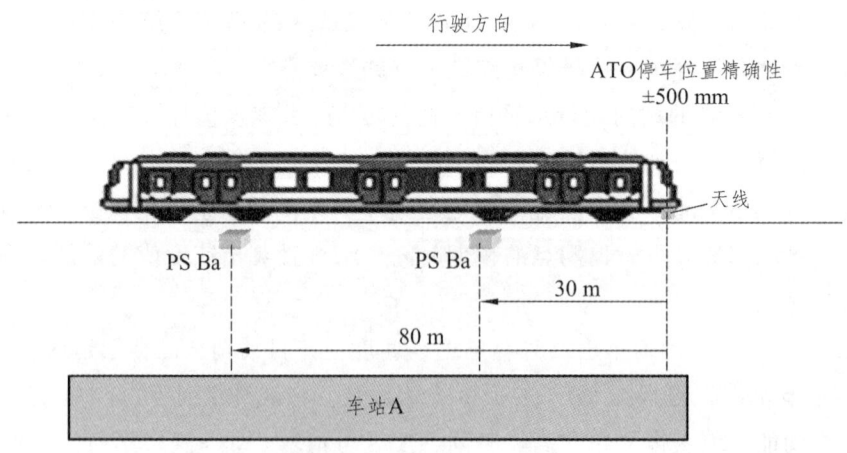

图 4.24 精确的车站停车

为管理不同长度的列车，需要几个停车点，站台的信标布局规则也应相应调整，以免增加停车通告信标。

ATO 根据实际车站内部轨道的线路参数调整其制动指令。

8. 车门控制和停站时间

当到达车站时,ATP 检查列车正确地停靠(车头和车尾必须在站台边界以内)并且停稳。当这些条件满足后,车载控制器 ATP 软件发出开车门的授权。这个授权提供给在 CM 模式下司机(司机通过按动左侧或右侧闪动按钮来打开车门)或在 AM 模式下启动自动车门的 ATO 软件。然后,ATO 控制列车开门。

列车门与屏蔽门的
同步控制

ATO 开始倒计时车站停站时间。车站停站时间一到,车载 ATO 将启动关门命令。

停站时间快到时,车上的铃声告诉乘客车门将关闭。列车铃声由 ATO 启动,ATO 在发出关门指令前,在预设时间内(如 3 s)向列车设备发出指令。所有车门都关闭和锁定后,ATO 将取消列车铃声指令。

ATP 验证所有车门都关闭并锁定后,驾驶员控制列车出站进入 ATO 状态。

9. 扣　　车

车载控制器的 ATO 软件能够收到从 ATS 发送的扣车命令。它强制驾驶员停在车站,直至从 ATS 收到发车命令。当处于 CM 驾驶模式时,扣车命令只显示在 MMI 上,司机有责任遵守该命令。

10. 跳停操作

车载控制器的 ATO 软件能够从 ATS 收到某个车站的跳停操作命令。此消息使 ATO 跳过所选车站,并启动相应的乘客通告。

当处于 CM 驾驶模式时,跳停命令只显示在 MMI 指示司机,司机有责任遵守该命令。在 ATO 和 ATP 模式下,车载控制器都会控制列车以限制速度(＜50 km/h)通过车站。

11. 通知乘客

车载控制器根据发生事件或在重复条件下向列车的乘客通告系统发送预先消息。

12. 维护功能

热冗余:车载控制器、ATC 区域控制器和中央线路控制器工作时会有热备冗余。设备的单个故障不会在列车(VOBC)和线路监视(ZC 和 CLC)上引发操作故障。

车载 ATP 的故障监视:车载控制器配有内置维护工具(数据记录器)。这些工具负责监视并记录车载 ATP 错误。

检测到 ATP 错误后,产生一个报警。内部管理信息库(MIB)被更新并由维护管理系统访问。

所监视 ATP 的主要错误有:
(1) ATP 功能故障;
(2) 线路可替代单元(LRU)故障;
(3) 紧急制动故障。

便于故障诊断的事件与 ATP 检测到的故障一起记录下来。

VOBC 数据记录器：记录 VOBC 模块中发生的所有重要事件。每项事件标有故障位置、日期和时间并存储在非易失性内存中。

记录的事件包括：

（1）ATP 检测到的列车超速；
（2）ATP 启动的紧急制动；
（3）空转/打滑情况；
（4）车站停车事件（即超程运行、运行不足、站台扣车，跳停操作等）；
（5）发车测试结果；
（6）软件事件；
（7）ATP 故障。

有了 VOBC 的 MMS，可查询并远程下载 VOBC 数据记录器的记录。值班员无须进入列车。

任务三　ATP 的工作原理

一、移动闭塞原理和站间闭塞原理

1. 移动闭塞原理

（1）安全保护原理和间隔控制原理。

移动闭塞的原理是基于控制列车在线路上的安全间隔。

与基于由固定轨道电路间隔的固定闭塞不同，轨旁 ATP 建立一个可根据列车位移运动的虚拟安全范围，该安全范围称为自动防护（AP）的安全范围，也可被称为移动闭塞分区。

安全停车点

（2）建立自动保护。

轨旁 ATP 是负责列车间隔的子系统，并负责保护移动闭塞区间的区域。在此区间内，通过避免列车间碰撞来保护任何装备或未装备车载设备的列车。

轨旁 ATP 为轨道上的每辆列车分配一个称为自动防护（AP）的安全范围。确保安全运行的主要原理是：一辆列车建立一个 AP，其他列车不能进入这个 AP。AP 实际上是列车周围的安全屏蔽，如图 4.25 所示。

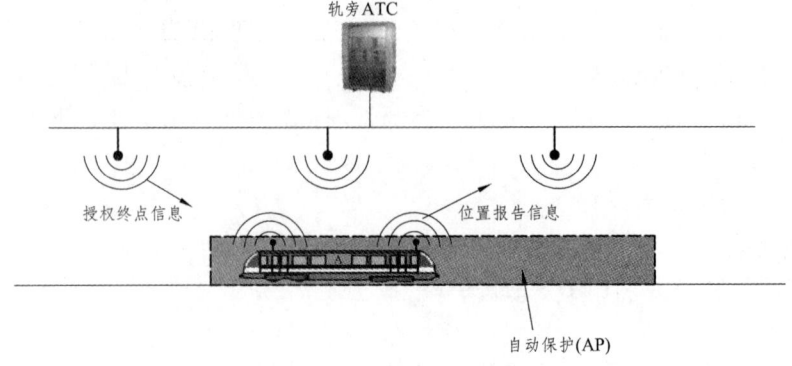

图 4.25　建立自动保护

ATP 根据无线传输的列车位置信息建立 AP。此信息在位置报告消息中发送,每隔 400 ms 发送一次。其主要信息为列车的定位和速度。此信息内写有列车号、时间戳,并具有时间有效性。因此,AP 大小和位置每隔 400 ms 刷新一次。

注:由于此保护基于信标和安全编码里程计计算的列车位置和速度,因此应注意每个列车 ATP 计算出的定位都是安全的。此位置称为主动检测或首要检测,相对于计轴设备占用情况计算出来的的二级检测。

(3)列车间隔保护。

车载 ATP/ATO 负责根据轨旁 ATP/ATO 给出的安全限制驾驶列车。

由于轨旁 ATP/ATO 为区域内每辆列车建立一个 AP,因此可进行列车间隔保护。如图 4.26 所示,ATP/ATO 知晓任何时刻每个自动保护在线路上的位置。

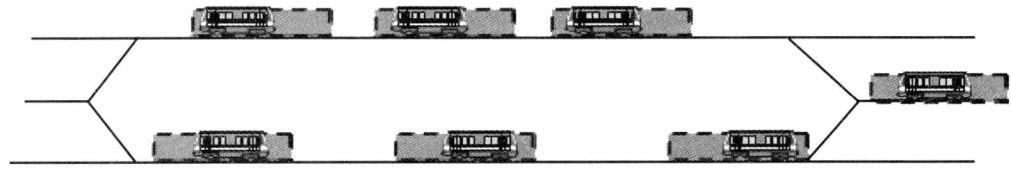

图 4.26　列车间保护

轨旁 ATP/ATO 根据每个 AP 的位置和 CBI 发送的轨旁设备状态计算授权终点。作为对位置报告的响应,此授权终点信息发送给每辆列车。此信息将列车不能穿越的限制通知车载 ATP/ATO,此信息还包括有关道岔位置或信号机状态等方面的变量信息。

指定列车的运动授权域定义为:在列车前搜索要保护的第一个点(如先行列车的 AP、反向进路、未检测的道岔等)。

如图 4.27 所示,列车 A 发送一个位置报告,并收到一个授权终点信息。因此车载 ATP/ATO 了解其授权终点在列车 B 车尾的 AP 处。列车 B 授权终点是作为进路结束的红色信号。列车在此点以外不受保护。

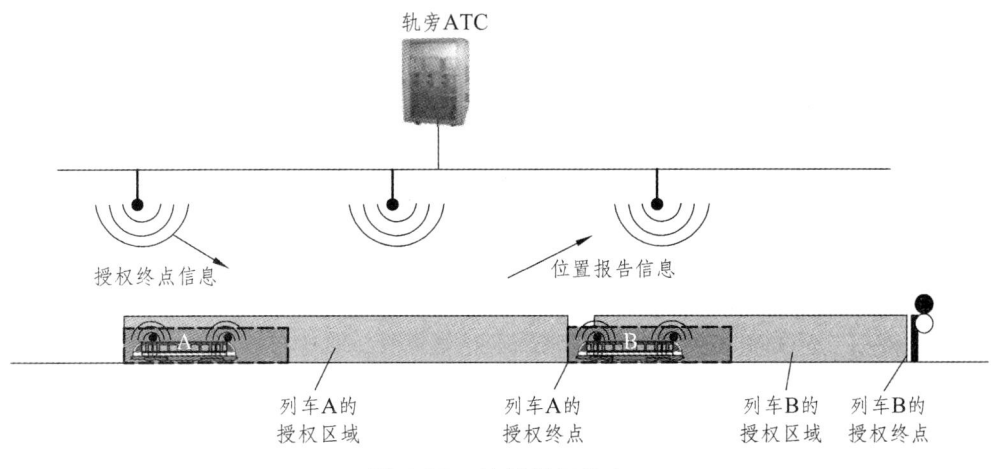

图 4.27　计算授权终点

（4）速度控制原理和间隔。

如上所述，作为对列车位置报告的响应，轨旁 ATC 计算授权终点。授权终点描述了将要受到保护的点。如图 4.28 所示，EOA 可能是先行列车的 AP 点。根据接收到的 EOA 和速度限制，下一辆列车的车载 ATP 建立一个紧急制动曲线。ATO 或司机必须始终关注此紧急制动曲线。若这些限制交叉，车载 ATP 将启动紧急制动进行保护。

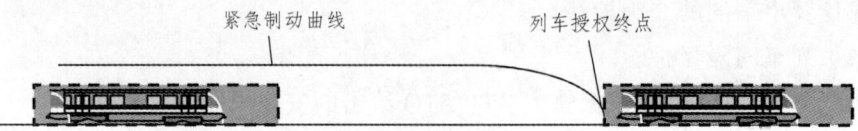

图 4.28　紧急制动曲线

安全余量（可以根据特定的安全分析结果为准）如下：

① 停在固定点（如信号机或线路端头）：5 m；

② 停在列车防护点：15 m；

③ 通信列车的防护计算：

a. 列车尾部：反向最大距离（10 m）+后退距离（需要计算）。

b. 列车头部：列车速度×有效变量（5 s）。

静音车情况：

a. 列车尾部：从正常尾部防护增加到在 RM 下的最大速度×静音时间。

b. 列车头部：最大速度×有效变量（5 s）+紧急制动距离＋RM 速度×（T－5 s－紧急停车时间）。

（5）列车定位原理。

移动闭塞原理基于主动列车检测（列车定位报告）。由于这是保证防护的基础数据，因此列车定位原理是基于安全传感器的安全原理。

每个车载 ATC 平台连接到一个编码里程计和一根信标天线。所述过程已在世界上多个有人驾驶项目和无人驾驶项目中成功使用多年。

位移测量：编码里程计负责测量位移。编码里程计连接到车轴，产生的数据由于受到多个传感器组合的保护是安全的。因此，若组合不正确，传感器检测为故障，车载 ATP/ATO 自己会失去定位（这不影响列车运行，因为备用 ATP/ATO 未受到干扰，仍起着控制作用）。编码里程计发送计齿器计数信息和传感器信息组合，计齿设备用于测量位移。

由于此编码里程计安装在车轮轴上，因此位移测量与车轮直径直接相关。共有 100 个齿。为弥补车轮损耗，车载设备要校准里程计，校准过程通过测量相隔一定距离的两个信标间的车轮转数可完成。

这两个信标称为 MTIB（运动列车初始化信标）。在线路上，两个 MTIB 相隔 21 m。车载 ATP/ATO 在启动后通过车站外的 MTIB，开出车辆段，两次校准其编码里程计。如果两次校准都正确，车载 ATP/ATO 使用此校准值。

为估计速度，车载 ATP/ATO 在一个 ATP/ATO 周期内测量位移计算速度。

列车在线路上的定位：车载 ATP/ATO 计算机通过读取沿线的信标，计算其位置。当列车通过一个信标时，车载 ATP/ATO 捕获轨道沿线的信标名和位置。因此，车载 ATP/ATO 可以计算其在轨道上的位置，并将其报告给轨旁 ATP/ATO。

车载 ATP 在每个周期中估计其在最小位置和最大位置之间的安全定位，最小位置和最大位置通过测量上一个信标的位移得到。

列车的实际位置总是保证在这两个位置之间。最小位置和最大位置之差称为定位误差。列车运动时，误差也随之增加，当检测到某个车轴发生空转/打滑时，ATP 增加更多的误差，以确保列车实际位置依然在 ATP 最小位置和 ATP 最大位置报告之间。

这些最小和最大定位测量结果被发送给轨旁 ATP/ATO，用于计算自动防护。

此外，ATO 仅估计一个非常精确的功能位置。此功能位置可用于 ATO 列车控制。

2. 站间闭塞原理

CBTC 不可用时，采用基于 ATP 站间闭塞原理的替代解决方案。在这种降级情况中，轨道和授权结束的动态状态不能被 ATC 区域控制器发送给车载控制器（见图 4.29）。

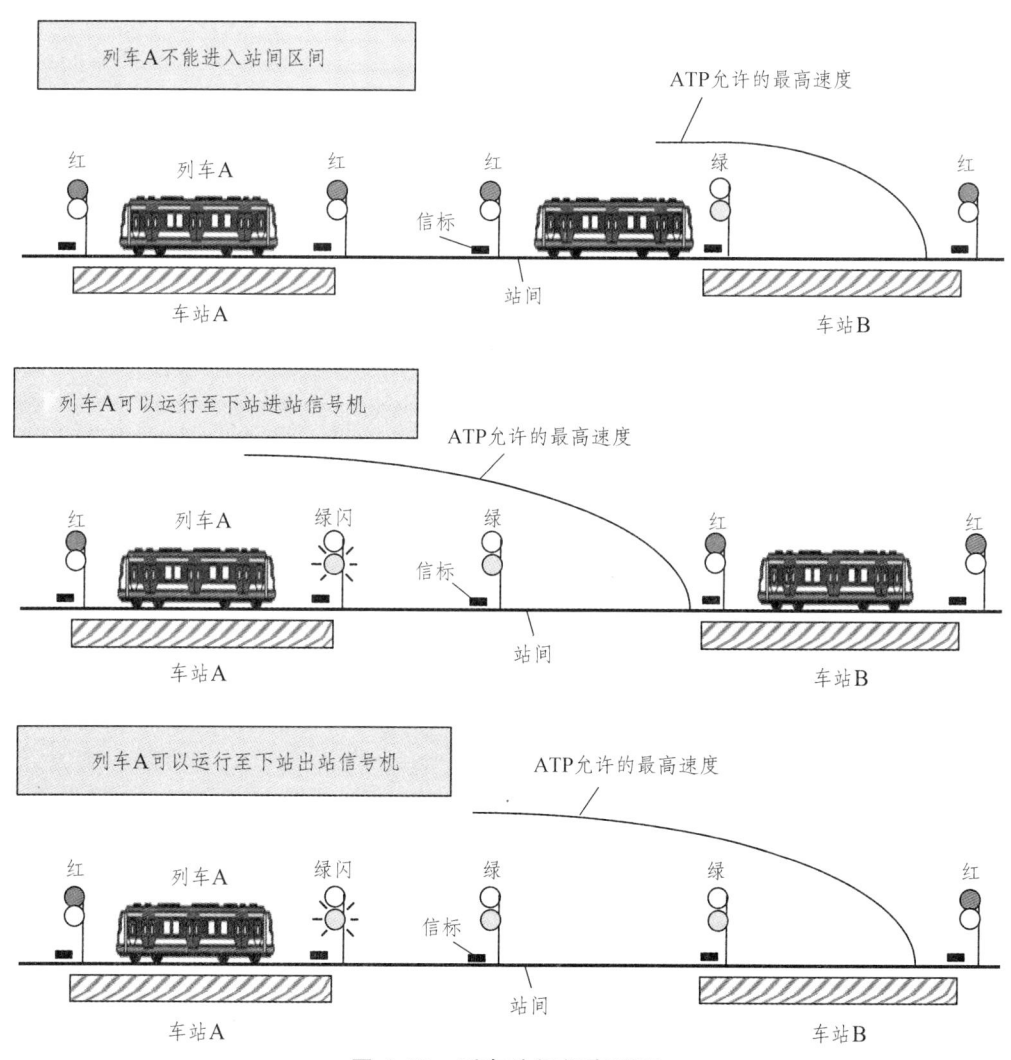

图 4.29 列车站间闭塞原理

在上述情况下，ATP 采用位于闭塞信号机前方的信标接收 ZLC 产生的输入，以代替无线传输的数据。

有了这个数据，ZLC 向 VOBC 确保符合所有安全条件，使列车运行到下一站，不包括站台道岔锁闭在定位，而且没有其他列车进入区段。当信号机闪烁绿光时，驾驶员启动列车。若驾驶员不遵守这个情况，通过列车停车信号时紧急制动由 ATP 启动。

ATC 确保以下保护功能：

（1）下一个车站进站信号机的保护：ATP 将对此进站信号机作为一个防护点来保护，并保证列车不会在信号关闭时越过该信号机。如果列车在站间闭塞区域运行的过程中，该信号机变成绿灯，那么列车从信号机前方的信标获得该状态的确认并确保列车进站。在这种情况下，新的保护点变为车站发车信号机。

（2）安全车门操作：ATP 控制列车的停靠和停止，并且发给司机开车门授权或者站台侧的 ATO。

项目五　列车自动驾驶（ATO）子系统

【项目描述】

ATO 作为列车自动控制系统 ATC 的重要组成系统，利用车载固化信息和地面信息实现对列车牵引、制动控制，使列车经常处于最佳运行状态，提高了乘客的舒适度，提高了列车的准点率，并节约能源。作为信号人员，必须掌握 ATO 的相关知识。本项目将介绍 ATO 子系统的组成、功能和工作原理等。

任务一　ATO 子系统的组成

ATO 子系统由以下车载设备组成：

（1）车载硬件（CPU COM 板的一部分）和软件：实现 ATO 要求的所有功能。车载 ATO 设备与车辆、车载 ATP、ATS，以及数据记录器接口，并且获得列车重新定位、轨道说明（来自 DSU 和 CLC），以及编码里程计数据等信息。

（2）车载数据记录器：该装置由车载 ATP 和 ATO 共享，用于存储警报和事件，以及关于 ATO 变量的处理状态。

车载数据记录器是完全专属于 ATO 的轨旁设备，同时也向车载处理器提供支持信息。

（3）轨旁接近车站信标（PSBa）：信标安装于轨旁，专门用于激活由 ATO 控制的正确车站停车。ATO 也使用其他重新定位信标计算列车位置。

（4）数据存储单元：向车载 ATP 和 ATO 系统提供数据，包括轨道不变量说明（信号位置、道岔、坡度、轨道端头、车站等）以及运行曲线（全速运行、正常运行、节能运行）。ATO 按照运行曲线在两个车站之间运行，并满足 ATS 的规定及命令（包括到站时间和站间运行时间）。

（5）轨旁 CLC：能够保证列车不变量的描述，保证软件以及 TSR 等为最近版本。

图 5.1 说明了 ATO 和其他子系统之间的关系。

轨道不变量描述和剖面描述参数存储在车上。CLC 发送信息检测车载设备使用的版本是否正确。如果版本发生变化（如为了更新调节数据），则在车辆段维护期间连夜从数据存储单元下载新的数据。

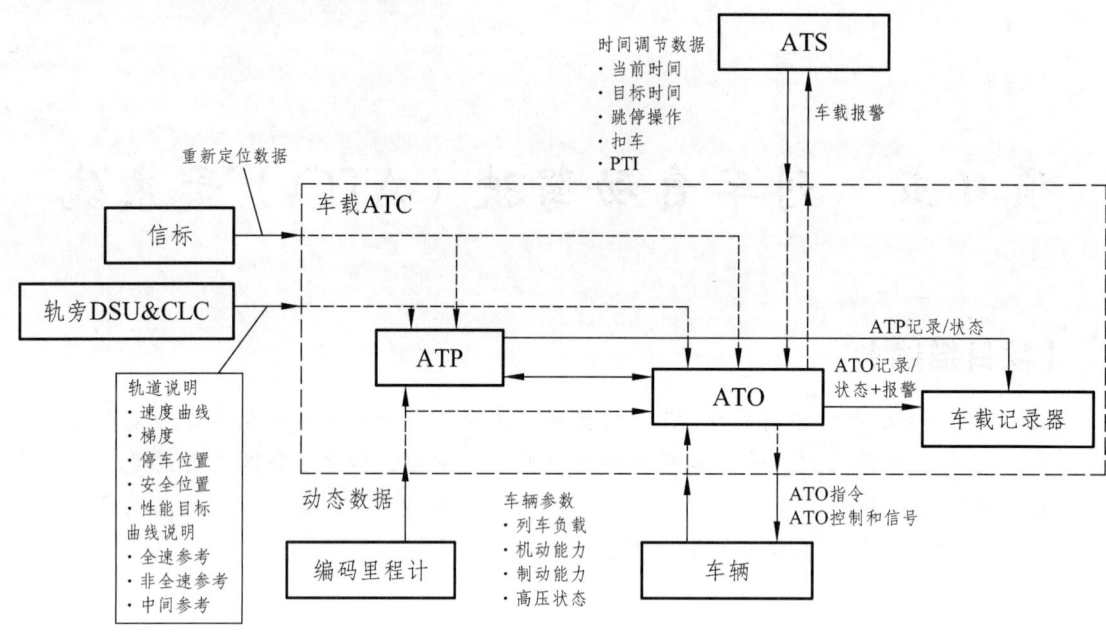

图 5.1 系统环境中的 ATO

计算列车位置、速度和加速度时，ATO 子系统使用编码里程计。此外，信标沿轨道分布，通过车载天线的读取能够精确地重新定位列车。信标位置是线路不变量描述的一部分，也可以给车载 ATP 使用。

与 ATS 交换的数据可用于时间调节：发车时间、到达时间、停站时间、运行时间和一些操作指令（如跳停操作和扣车）。来自 ATS 的其他信息，如取消跳停操作（仅考虑 ATO 收到命令后是否能够正确停靠车站），中止列车停车，与主时钟的信息同步（由 ATS 传送）。ATO 将发送警报和事件至 ATS 和维护系统。

与车辆的连接对于 ATO 控制举足轻重。实际上，车辆特性和背景必须了解，以便 ATO 子系统能进行列车的最佳控制和运行。这些参数在项目实施过程中的 ATO 调试阶段确定，同时使用专用测试设备对列车性能进行精确测试；也对参数分散的容差进行定义，以配合列车的细微差异。车辆供货商有责任调节所有列车内部参数的容差间隔。在 ATO 中，来自车辆的输入有高压状态、监控/制动能力、列车荷载状态，以及列车软件版本等。ATO 对车辆的输入有监控和制动命令、车门打开/关闭命令，以及乘客信息通知等。

在车载 ATP/ATO 内，ATO 子系统与车载记录器（一种黑匣子）通信。车载记录器存储 ATO 报警与 ATO 处理变量状态，用于故障排除以及性能的证明。

与 ATP 的连接至关重要。ATP 子系统提交列车运动所需的安全数据，如发车授权、车门状态（打开/关闭）、授权的行驶方向、ATP 目标安全速度及位置。同样，ATO 向 ATP 提供状态信息并报告其可用性。

ATO 软件和硬件配置在 CPU COM 盘上，如图 5.2 所示。数据记录器存储了 ATO 警报、事件和内部变量的状态，其容量至少为两天（1 千兆字节的内存）。当列车在车辆段或在北京站站线上时，该信息可以下载到 MMS；也可以使用便携式个人计算机和一个数据记录器软件，将其连接到 CPU COM 盘上的一个端口，进入这些数据。专用的协议确保下载的完整性以及收到文档的一致性。数据记录器的内存可以作为一个永久性存储器进行循环管理。一个指针表明了最近的一次成功下载。

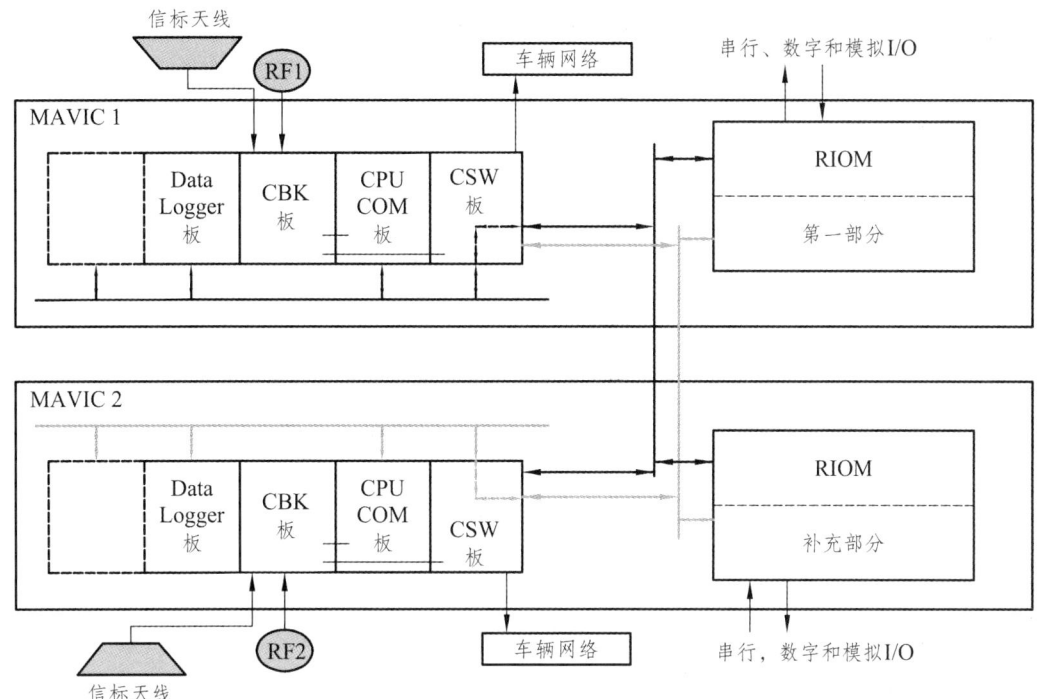

图 5.2　关键的车载 ATP/ATO 机架说明

任务二　ATO 子系统的功能

一、自动驾驶

（1）AM CBTC 模式：线路（或部分线路）处于完全 CBTC 运行闭塞模式。

（2）AM 站间闭塞模式：线路（或部分线路）处于站间闭塞模式。

驾驶室

只要相应的 ATO 模式在某一区域（CM CBTC 或 CM 站间闭塞模式）下可用，则在正线上的正常运行方向可以使用这两种模式。在反向运行时，除折返区域外，仅可以使用 ATP 模式。在正线的任何位置都可以选择 AM CBTC 驾驶模式，而 AM 站间闭塞模式必须在车站转换。另外，试车线上也可以选择 ATO 模式。

ATO 系统的可用性很高，并且有冗余，因此，可以通过前驾驶室内的 ATP/ATO 设备或后驾驶室内的 ATP/ATO 设备以 AM 模式运行列车。列车在车辆段进行自检时，也对车载 ATO 设备的有效性进行检测。自检报告和事件告警将相应地发送到轨旁。

二、车门管理

ATO 在车站实施车门管理。其原理是,当 ATP 控制列车正确停车后,授权 ATO 将站台侧的车门打开。ATO 随后将指令发送给车辆,然后打开站台侧的车门。

然而,在 AM 模式下,司机仍可以选择人工控制车门。

三、车站发车管理

司机屏幕上将根据 ATS 发送的发车时间显示停车倒计时。为了按照实际到站时间和要求的发车时间确定停车时间,要进行相应的计算。如果停车时间小于最小的预定义值(在设计联络时确定),则采用该最小值。另外,随时可能由调度员发送一个立刻发车命令。

倒计时结束时(或要求立刻发车),在屏幕上将显示一个发车图标,并伴有警示声音。然后 ATO 可以执行车门关闭,司机按下启动按钮,允许 ATO 驾驶列车出发。如果司机选择了人工控制车门,那么司机通过按左/右门关闭按钮将车门关闭。

四、列车驾驶、站间运行和时间管理

ATO 自动驾驶列车的功能充分考虑 ATP 安全限制(EOA、限制信号、限速等)、乘客舒适度,以及调节限制。它计算出一个符合所有上述要求的运行曲线。同时也可以在车站发车时,由 ATO 从多个运行曲线中选择一个完全匹配发车和到站时间要求的运行曲线。这些运行曲线包括全速运行曲线、正常运行曲线、惰性运行曲线和节能运行曲线。在站间运行时,由 ATS 发送给 ATO 的调节命令可以改变,ATO 将立即进行调整。同样,如果安全限制状态更新了,ATO 立刻调整以适应 ATP 能量控制的限制。

系统性能保证时刻表的最大变更为 5 s。如果在站间运行时,接收到的调节命令需要更新,则应符合列车监控、制动能力、乘客舒适度要求和剩余的运行距离等。

五、车站停车

ATO 确保车站停车功能。该功能通过一个停车策略确保停车精度。停车策略对所采用的制动等级,以及制动起点和速度曲线进行了定义。ATO 密切监控列车对 ATO 命令的反应,并尽可能符合速度曲线。如果有限制时,和站间运行一样,ATO 能够和 ATP 安全限制点配合。该功能也通过对命令的筛选,在进行制动和冲击时,保证乘客的舒适度。还应注意,冲击控制必须在车辆方面保证。

在 99.99% 的情况下,停车精度保证在 ± 300 mm;在 99.9998% 的情况下,停车精度保证在 ± 500 mm。

在满足招标文件定义的车站停车时分及上述停车精度要求下,系统满足 90 秒的设计追踪间隔要求。

六、跳停操作

跳停操作能够防止 ATO 在下一车站停车。接受 ATS 的请求之后，系统在屏幕上显示一个图标，通知司机并激活由车辆处理的乘客信息。ATO 执行站间运行并监控列车速度，保证在通过下一车站时速度小于 50 km/h。跳停命令可以取消，但是只有 ATO 所在位置能够保证在下一车站正确停车时才考虑取消跳停。

七、折返区域的停车

如果 ATS 向联锁发出一个折返命令，则列车停在折返区域。如果进路排列至折返轨（侧线或正线），当列车不在站台区（车站前折返的情况）时，ATO 将启动列车并驾驶列车至折返停车点。这种情况下，折返区停车精度应确保为 99.99%。折返功能一般需符合 120 s 的折返要求。

任务三　ATO 子系统的工作原理

一、ATO 控制命令原理

ATO 控制命令原理如图 5.3 所示。

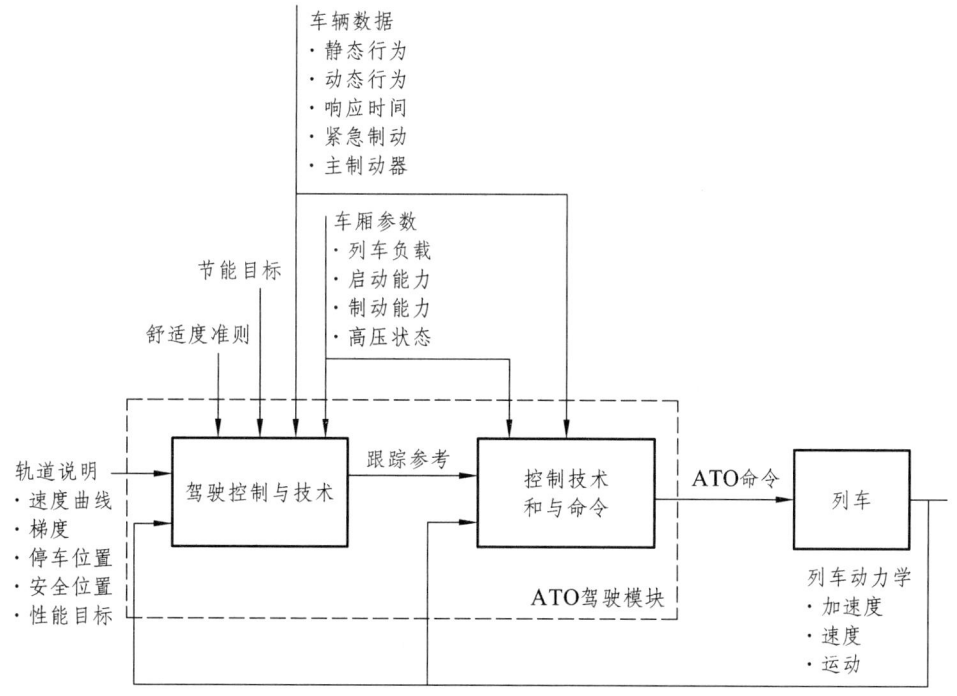

图 5.3　ATO 控制命令原理

速度控制系统可在所选的速度曲线内保持列车速度,并尽量补偿该性能在整个车组的传递。

为增加乘客舒适度并获得可驾驶性、平滑驾驶和停车精确性,加速度、减速度和冲击率都被控制为限制值和可行值。

若在站间停车,则根据现场轨道坡度,通过实施制动使列车保持停稳状态。

二、车站中的 ATO 精确停车

车站停车的高精确度源于车辆和 ATO 子系统的合作。ATO 子系统至少可处理欧洲标准 EN-13452-1 和 EN-13452-2(有关制动性能)规定范围内的差值,但有一定的限制。具体适用标准在设计联络中确定。

在站台处的正确停靠通过位置测量功能实现。为保障精确度,通过轨旁参考点进行定期更新(重新定位信标)。

对于指定方向的每个精确停车点,需要两个重新定位信标,最后一个位于距停车位置 30 m 处。这样选择经事实证明,最后一个重新定位距精确停车位置 30 m 处为最佳。由于可能会错过一个信标,因此备有另一个重新定位信标作为冗余,在站台入口处设置第二个重新定位信标。

为使用站台屏蔽门,必须使用非常靠近停车位置(如距离 3 m)的再定位信标。ATP 必须使用最后一个信标,以授权开门(以获得十分精确的安全位置)。ATO 也可使用这些信标,但并不影响停车性能的实现。位于停车位置上游 30 m 处的信标称为精确停车信标(PSBa),如图 5.4 所示。

屏蔽门

为屏蔽门预留的再定位信标等设备包含在供货范围内。

仅使用再定位信标时,车站配置如图 5.4 所示。

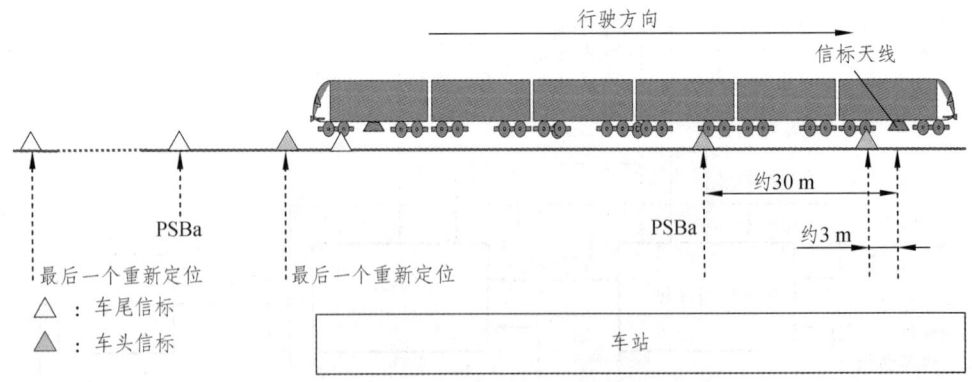

图 5.4 车站内的信标位置,使用停靠信标(PSBa)

根据列车长度和所需的停车精确度,优化具有可行性。因此,头部的最后一个再定位信标必须对应于尾部的信标(PSBa)。

三、轨旁 ATO 数据

在考虑行车间隔模拟、性能及 ATO 命令原理时，运行曲线可以离线定义。

运行曲线是一条抛物线，ATO 子系统必须在一个站间跟踪或使用，以确保系统性能（如旅行时间和节能）。

在所有运行曲线中，全速运行曲线描述的是最短运行时间抛物线，而非全速运行曲线描述的是最节能的最长运行时间抛物线。

通过检查点（CKP）在轨旁 ATO 数据内说明运行曲线。

检查点（CKP）是 ATO 进行微调的中间点。

CKP 是在 ATC 系统设计阶段定义的虚拟轨道位置。每个 CKP 的标志是轨道上的一个位置。

每条运行曲线描述了：行驶时间、速度。

最大和最小调节加速度；适用时，授权或禁止惰性运行。

四、ATO 时间调节

在线路上的任何位置，ATO 子系统能通过连续的轨道—列车传输系统从 ATS 调节系统接收到下一控制点（如车站、信号停止点、调车进路终点）期望到达的时间。

ATO 子系统确定满足所需站间运行等级要求的速度曲线。此速度曲线的计算目的在于节能，并提高乘客的舒适度。此曲线考虑了轨道坡度和车辆数据及参数。

ATO 子系统可通过连续的轨道—列车传输实时了解下一站间的轨道占用情况。根据前一列车的位置和信号限制，ATO 参考动力学速度、加速度计算出最佳抛物线，以便在尽量节能的同时考虑到达时间。

图 5.5 为一个站间（带 3 条运行曲线，并将站间细分为 CKP）的说明。

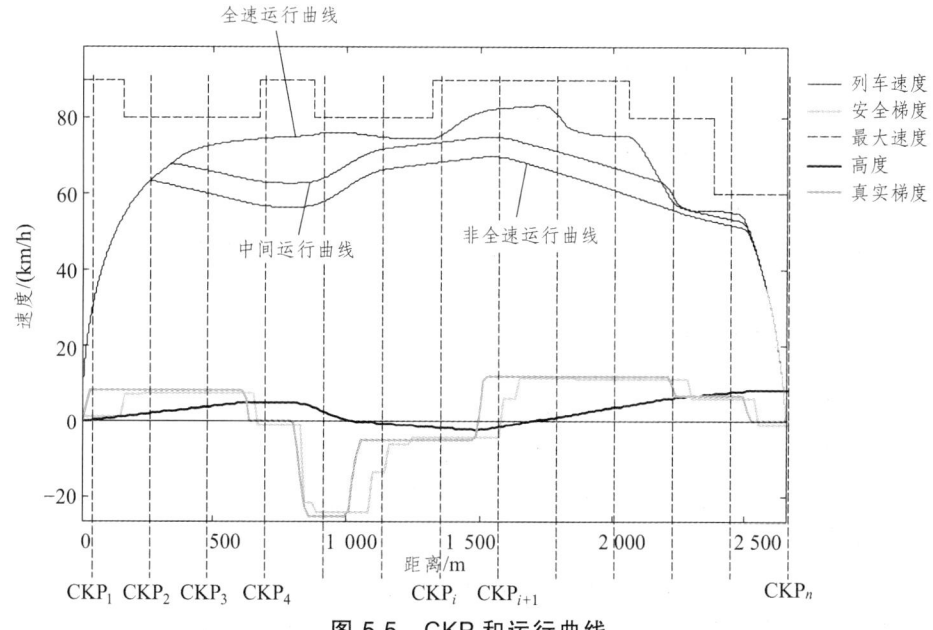

图 5.5　CKP 和运行曲线

进行时间调节时，惰性运行可能在专用轨道区域不适合。这就是在 CKP 之外定义调节信息（惰性运行授权/禁止等）的原因。

同理，若列车受到干扰，惰性运行模式（特别是在节能模式中）不再适合。这就是每条运行曲线定义惰性运行速度有效性间隔的原因。图 5.6 显示了上述 2 种概念。

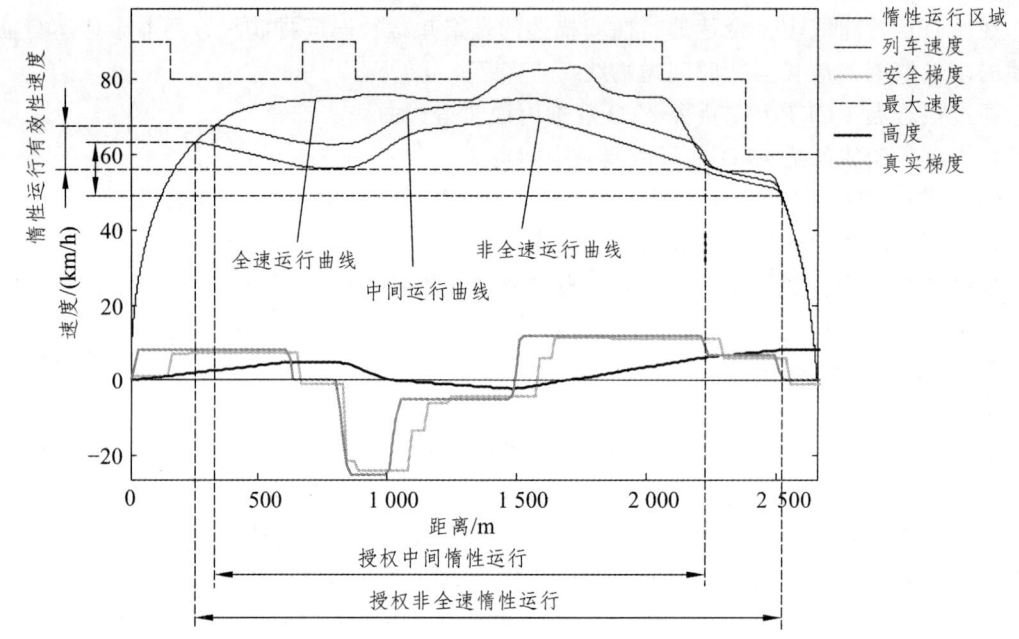

图 5.6 CKP 和惰性运行授权

然后，进行的调节不仅可以保证到达时间，而且可在一个站间补偿行驶中干扰造成的延时。

根据 ATS 在最后一个 CKP 传给 ATO 的行驶时间，ATO 将采用一种运行策略，由其确定应运行在预定运行曲线之间的位置。

在每个 CKP，一方面，ATO 将其编码里程计和行驶时间与目标行驶时间进行比较；另一方面，与每个运行曲线的编码里程计和行驶时间进行比较。因此，根据列车早点、晚点及节能目标，ATO 将采用最佳控制指令。

备注：ATS 发送"节能"模式时，ATO 子系统自动选择非全速运行模式。

五、车门控制和停站时间

以自动驾驶模式在车站停车时，开门由 ATO 在 ATP 的监控下自动控制。

一旦列车检测到停靠正确，且满足所有其他安全条件，ATP 子系统将向 ATO 子系统发出有关开门次序的授权。然后，ATO 控制开门并开始对停站时间进行倒计时。车站停站一到，ATO 子系统即启动关门次序。

停站时间快到时，列车上将响起铃声，以告诉乘客车门将要关闭。列车钟声由 ATO 在发出关门命令前固定的预设时间（如 3 s）发出，ATO 向列车 TIMS 发出命令，从而启动列车铃声。ATO 负责向列车发出关门命令，并取消铃声。ATP 确认所有车门关闭并锁定且司机按下启动按钮后，ATO 控制列车发车。具体命令接口时机在设计联络时确定。

六、扣　车

ATO 子系统能够从 ATS 收到扣车控制。此控制通过连续轨道—列车传输直接发送到 ATO 子系统。它强制 ATO 停留在车站，直至从 ATS 收到发车命令为止。

七、车站发车管理

停靠在车站的列车的 ATO 子系统通过连续轨道—列车传输收到的发车时间。

停站时间到后（或收到发车时间后），ATO 子系统才授权发车，前提是收到 ATP 系统的重要指示：经检测，所有车门均关闭并锁定，即 ATP 授权发车。

若 ATO 子系统未收到发车调整时间命令，它将在车站规定的预设停站时间后根据司机的启动按钮自动启动列车。

如果司机选择了人工控制车门，那么他可以在停站时间倒计时内的任何时间通过车门关闭按钮关闭车门。当车门关闭并且 ATP 发出授权后，按压启动按钮将可以使列车出发。

八、跳停操作

类似，ATS 可向指定车站和指定列车的 ATO 发出跳停信息。

此信息将使 ATO 跳停所选车站，并启动相应的乘客广播。

九、正确列车识别（PTI）

ATO 具备列车正确识别功能，具体见项目三。

项目六　联锁子系统

【项目描述】

CBI 系统是以计算机为主要技术手段实现车站联锁的信号系统。计算机联锁系统是城市轨道交通 CBTC 信号系统的安全核心子系统之一，实现现场设备的联锁控制，按照故障-安全、高可靠性的原则进行设计，技术先进、可扩展能力强，能满足城市轨道交通领域的各种车站的规模和运输作业的需要，以保证行车安全、提高运输效率、改善劳动条件。

任务一　联锁子系统的结构及组成

在 CBTC 系统中，计算机联锁系统与自动列车监督系统（ATS）、车载控制系统（VOBC）、区域控制中心系统（ZC）、数据传输系统（DCS）、微机监测系统（CSM）等共同构成了完整的 CBTC 信号系统。其系统边界图如图 6.1 所示。

联锁设备

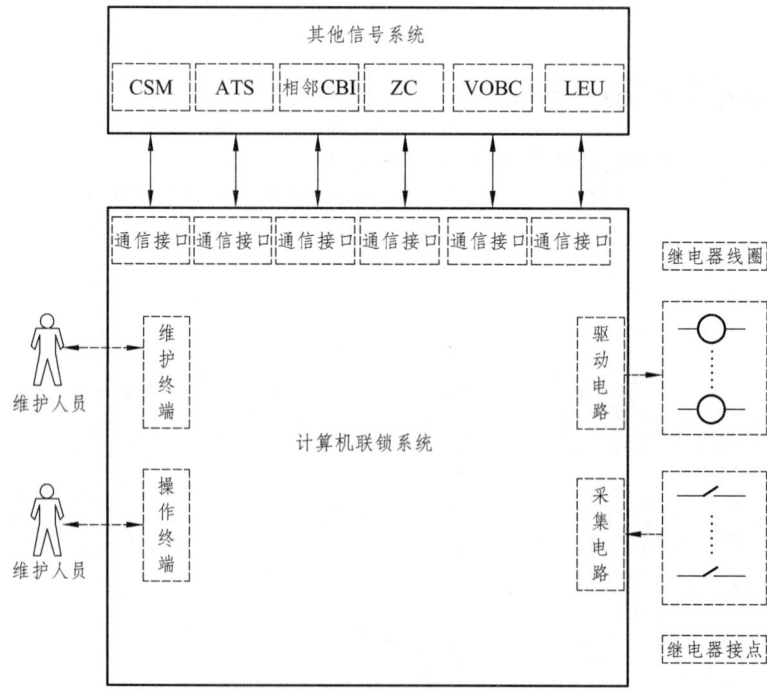

图 6.1　计算机联锁系统边界图

如图 6.1 所示，计算机联锁系统与外部的边界有与继电器的边界、人机边界、与其他信号系统的边界。

与继电器的边界：由采集接口电路和驱动接口电路构成，采集接口电路负责采集继电器的状态信息；驱动接口电路负责驱动继电器。

人机边界：由操作终端、维护终端、相关指示灯及操作开关构成。操作终端、维护终端由显示设备、输入设备组成。

与其他信号系统的边界：和 ATS 系统、相邻联锁系统、ZC 系统、VOBC 系统、CSM 系统、LEU 设备等通过以太网、RS422 等通信方式进行接口。

计算机联锁系统的结构可分为 3 个层次：操作显示接口层、逻辑运算层、输入/输出层。

操作显示接口层：由操作显示接口子系统和维护终端子系统组成。操作显示接口子系统和维护终端子系统之间通过局域网交换信息。操作显示接口层还完成和自动列车监控子系统（ATS）、微机监测等外部信号系统之间的信息交换，完成列车运行指挥控制和设备维护管理等功能。

逻辑运算层：联锁逻辑子系统，是整个联锁系统的核心层，由具有安全冗余结构的专用计算机组成。联锁逻辑子系统通过安全数据通道与输入/输出层，以及区域控制中心（ZC）系统、相邻站联锁系统、VOBC 系统、轨旁电子单元（LEU）等外部信号系统交换信息；通过局域网和操作显示接口层交换信息。联锁逻辑子系统接收来自操作显示接口层、外部信号系统的操作命令信息和来自输入子系统、外部信号系统的现场设备状态、列车信息等，据此进行联锁运算，产生相应的输出控制，通过输出子系统以及相关的外部信号系统对现场设备进行控制。

输入/输出层：由输入子系统和输出子系统组成。输入/输出子系统通过安全数据通道与联锁逻辑子系统交换信息。输入子系统通过采集接口电路，采集现场设备的状态信息，发送给联锁逻辑子系统；输出子系统接收来自联锁逻辑子系统的输出控制信息，通过驱动接口电路，安全地控制现场信号设备。

按照上述逻辑层次划分，基于 CBTC 技术的联锁系统由操作显示接口子系统（MMI）、维护终端子系统（MT）、联锁逻辑子系统（IL），输入子系统（FIMI）和输出子系统（FIMO）组成，共同完成联锁系统的需求。其中，IL、FIMI、FIMO 为安全子系统，均按照"二乘二取二"硬件安全冗余结构进行设计。其组成结构如图 6.2 所示。

一、硬件部分

1. 操作显示接口子系统

监控机子系统包括监控 A 机和监控 B 机。监控机采用高可靠的工业控制计算机。

监控 A 机和监控 B 机硬件配置相同，并行工作，各自独立地与联锁子系统进行通信，各自的故障不影响对方的使用。

监控机子系统与 IL 子系统通信采用冗余数据通信网。单点故障不影响系统的正常工作。

对于监控机子系统发送给 IL 子系统的操作命令信息，IL 子系统在收到命令后应发送命令回执信息，监控机子系统在没有收到命令回执信息时要启动重发机制重发该命令。

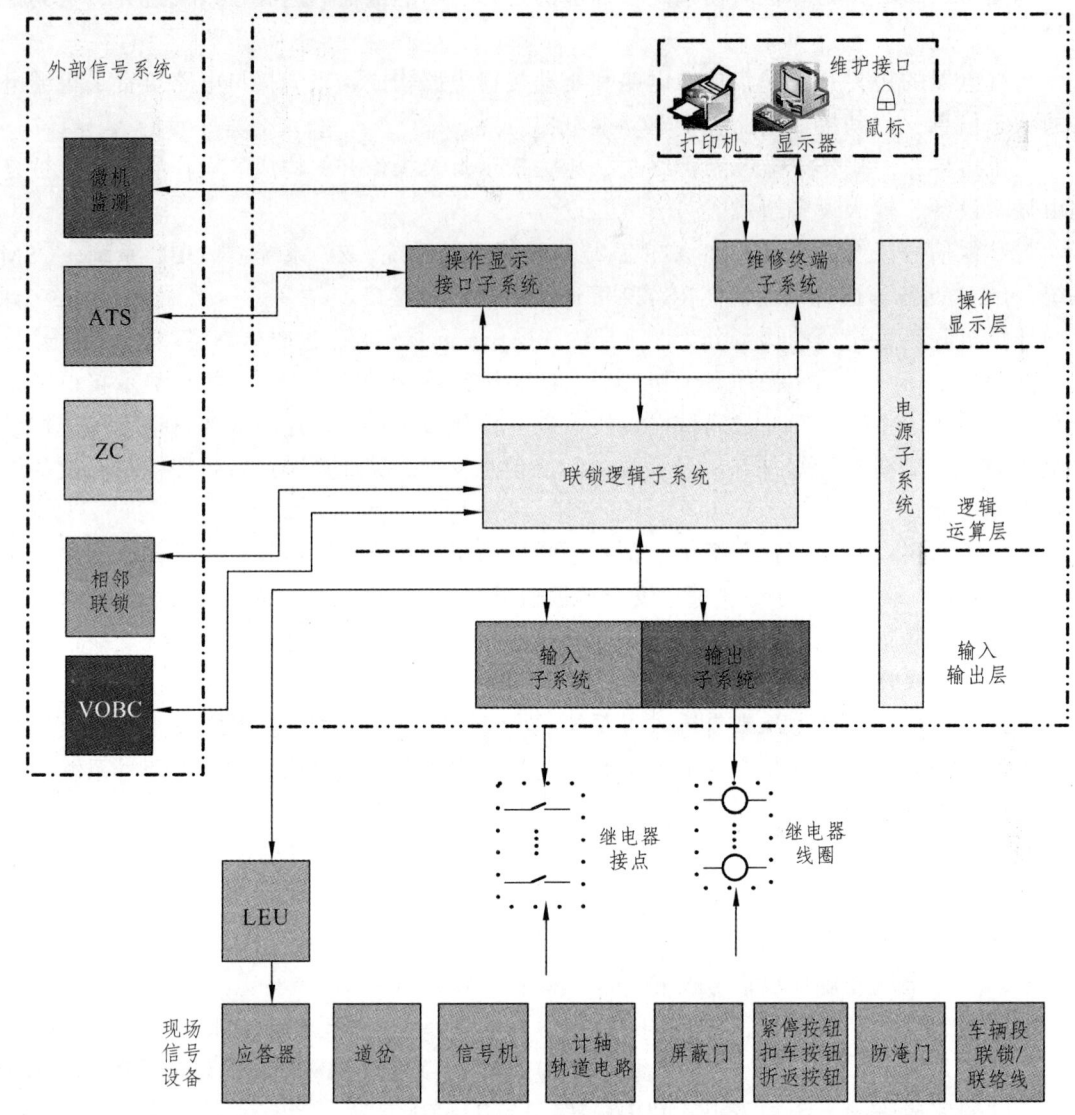

图 6.2 基于 CBTC 技术的联锁系统的基本结构

监控机子系统与 ATS 通信协议按照国铁的联锁和 CTC 通信标准，保证数据传输的可靠性。

监控计算机采用通用的工业控制计算机，每台监控计算机的硬件配置如下：

（1）主板，包括 CPU、电子盘、内存；

（2）电源；

（3）显卡；

（4）以太网通信卡；

（5）RS232/RS422 通信卡；

（6）显示器；

（7）鼠标。

2. 联锁逻辑子系统

联锁逻辑子系统采用"二乘二取二"结构，包括互为备用的双重系：联锁 A 系和联锁 B 系。单系中包括实现"二取二"比较的两个运算单元。联锁逻辑子系统的双系冗余状态切换图如图 6.3 所示。

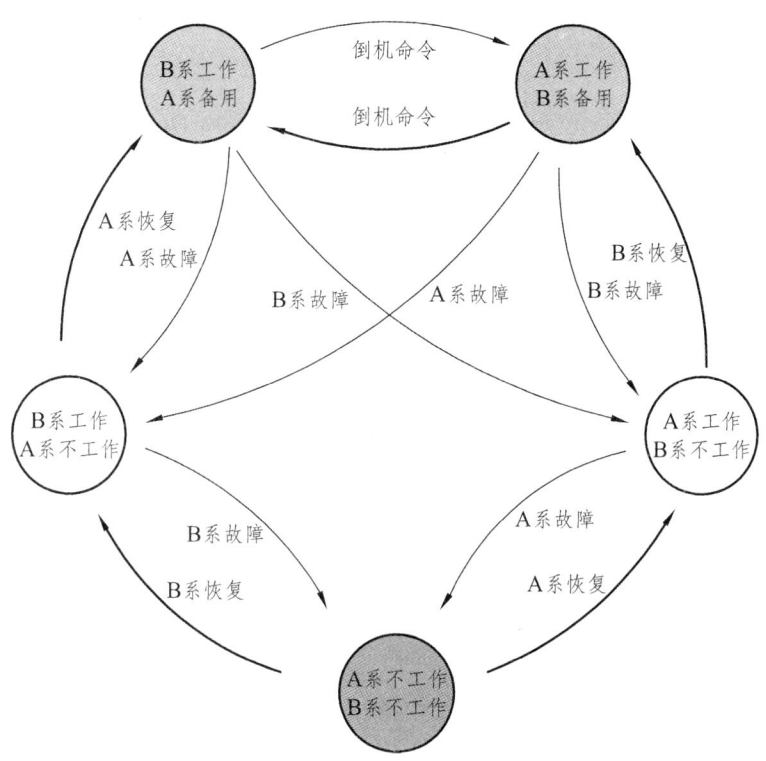

图 6.3 系统冗余状态切换图

系统有 3 种工作状态：A、B 两系均不工作，A、B 两系中只有一系工作和双系联机同步工作。在联机同步工作时，系统处于热备状态。作为 A、B 联锁机来说有单机工作、脱机、联机和联机同步 4 种状态，其中联机状态为过渡状态。系统启动时，先上电的一系（A 系或 B 系）定义为主机，先进入工作状态，其次上电的联锁机为备机，与主机通信联机，实现同步工作。A、B 机的自动切换和人工倒机，均不影响系统的正常工作。监控机与联锁机之间的通信关系不随着联锁机的切换而切换。

联锁子系统的各个功能部件按照模块化标准进行设计。联锁子系统机箱用于装载联锁逻辑单元的所有电路板，机笼结构采用前后插拔电路板方式，采用标准 19 英寸结构，一个机笼具有多个插槽，电路板的高度为 6U。联锁子系统的母板为联锁机内各个电路板提供电源和总线信号互联，板上提供 2 组 AT96 总线标准的信号线。

联锁机采用定制的高可靠专用工业控制计算机，所有联锁设备集中于单个车站；两系联锁机内部的硬件结构完全相同，IL 子系统单系须保证足够的安全性，而不需要双系配合。联锁逻辑子系统通过 CAN 现场总线与输入/输出层交换信息。

单系联锁机的主要构成如下：

（1）独立机笼（6U）；

（2）双 CPU 板；

（3）比较板；

（4）CAN 通信卡；

（5）交换机；

（6）以太网通信卡；

（7）独立电源。

联锁逻辑子系统的软件编程采用 C 语言，运行环境采用 DOS。

3. 输入子系统

联锁机通过 FIMI 输入子系统实现对继电器接点状态的采集。输入子系统通过 CAN 现场总线与联锁逻辑子系统连接；FIMI 子系统主要由若干采用母板插接方式的 FIMI 模块（每个模块包含 32 路采集通道）、电源及接插件、电缆等构成。输入子系统采用 A、B 两系的双重冗余结构，两系配置完全相同，并行工作。

FIMI 输入子系统定时进行状态采集。联锁机定时向 FIMI 输入子系统发送信息呼叫命令，FIMI 输入子系统收到信息呼叫命令后，对信息呼叫命令做出应答，向联锁机发送采集状态信息。

FIMI 输入子系统框图如图 6.4 所示。FIMI 输入子系统由如下几部分构成：工作电源、ACAN 通信控制器、BCAN 通信控制器、正码机（ACPU）、反码机（BCPU）、输入通道、LED 指示、复位电路等。

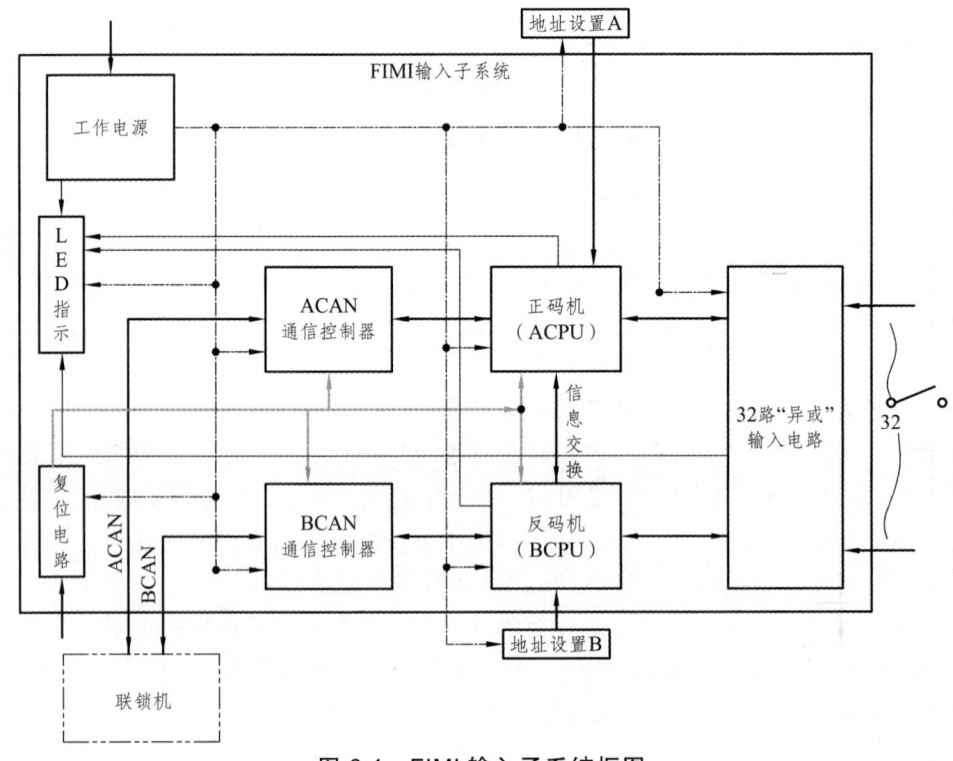

图 6.4 FIMI 输入子系统框图

采集模块的输入部分由 CPU 与硬件"门"电路组成，形成"异或"逻辑，既保证了采集功能，又提高了故障的检出率和检出速度。

4. 输出子系统

联锁机要通过 FIMO 子系统实现对继电器的控制。输出子系统通过 CAN 现场总线与联锁逻辑子系统连接；FIMO 子系统主要由若干采用母板插接方式的 FIMO 模块（每个模块包含 16 路驱动通道）、电源及接插件、电缆等构成。输出子系统采用 A、B 两系的双重冗余结构，两系配置完全相同，并行工作。

FIMO 子系统收到联锁机的命令信息后，要对联锁机做出应答。FIMO 子系统收到联锁机的命令信息后，要解析命令意义，实现输出驱动功能。FIMO 中的两个处理器各自对收到的正码信息和反码信息进行一致性验证，一致后分别驱动输出通道部分的 KA 和 KB 器件，KA 和 KB 同时打开后，输出通道开通。如果此时安全电源有电压输出，继电器线圈就会得电，继电器吸起。

安全电源向输出通道部分提供功率驱动电源。FIMO 中的两个处理器通过控制安全电源的控制端实现对安全电源的控制。两个处理器均可单方停止向安全电源的控制端提供特定脉冲信号来中止安全电源的输出。

FIMO 子系统框图如图 6.5 所示。FIMO 子系统由如下几部分构成：工作电源、ACAN 通信控制器、BCAN 通信控制器、正码机（ACPU）、反码机（BCPU）、输出通道、安全电源、LED 指示、复位电路等。

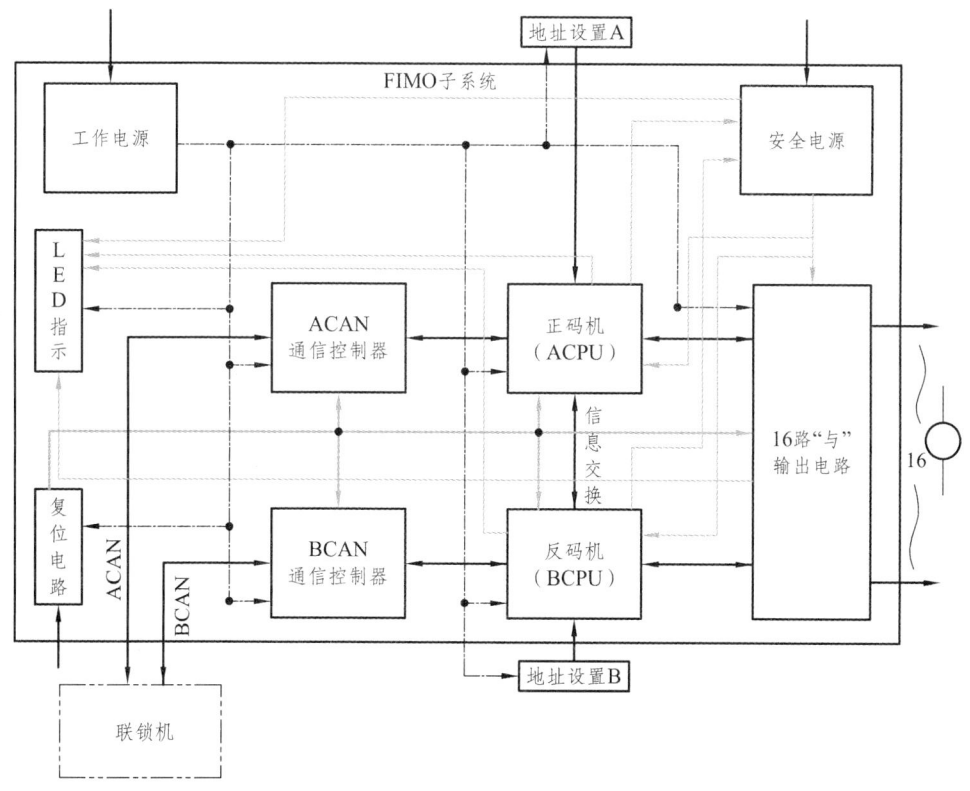

图 6.5 FIMO 子系统框图

联锁机要通过 FIMO 子系统实现对继电器的控制，首先要向 FIMO 子系统发送输出控制命令。联锁正码机、联锁反码机分别通过正码 CAN 总线（ACAN）、反码 CAN 总线（BCAN）向 FIMO 子系统发送正码命令、反码命令。ACAN 控制器、BCAN 控制器分别收到正码命令、反码命令后，对信息进行缓存，置接收满状态。子系统正码机（ACPU）、子系统反码机（BCPU）查询 ACAN 控制器、BCAN 控制器的接收状态，查到接收满状态后，接收命令信息。

FIMO 子系统收到联锁机的命令信息后，要对联锁机做出应答。子系统正码机（ACPU）、子系统反码机（BCPU）查询 ACAN 控制器、BCAN 控制器的发送状态，查到发送空状态后，向 ACAN 控制器、BCAN 控制器发送状态应答信息。ACAN 控制器、BCAN 控制器收到正码状态信息、反码状态信息后，通过正码 CAN 总线（ACAN）、反码 CAN 总线（BCAN）向联锁正码机、联锁反码机发送正码状态应答信息、反码状态应答信息。

FIMO 子系统收到联锁机的命令信息后，要解析命令意义，实现输出驱动功能。子系统正码机（ACPU）、子系统反码机（BCPU）收到正码命令信息、反码命令信息后，交换命令信息，使得子系统正码机（ACPU）、子系统反码机（BCPU）同时拥有正码命令信息和反码命令信息；子系统正码机（ACPU）、子系统反码机（BCPU）各自对收到的正码信息和反码信息进行一致性验证，一致后分别驱动输出通道部分的 KA 和 KB 器件，KA 和 KB 同时打开后，输出通道开通。如果此时安全电源有电压输出，继电器线圈就会得电，继电器吸起。

安全电源向输出通道部分提供功率驱动电源。子系统正码机（ACPU）、子系统反码机（BCPU）通过控制安全电源的控制端实现对安全电源的控制。子系统正码机（ACPU）、子系统反码机（BCPU）只有相互配合，向安全电源两个控制端提供特定占空比、特定频率、相位差大于 180°的两路驱动脉冲，安全电源才会有电压输出。子系统正码机（ACPU）、子系统反码机（BCPU）均可单方停止向安全电源的控制端提供特定脉冲信号来中止安全电源的输出。

5. 维护终端子系统

MT（维护终端）子系统采用高可靠的工业控制计算机，其外接设备包括显示器、鼠标和键盘。维护终端采用通用的工业控制计算机，其硬件配置如下：

（1）主板，包括 CPU、内存；

（2）硬盘；

（3）网络通信卡；

（4）RS422 通信卡；

（5）电源；

（6）显示器；

（7）鼠标；

（8）调制解调器（Modem）。

维护终端子系统的软件编程采用 Delphi 语言，运行环境采用 Windows XP。

6. 内部信息流

计算机联锁各内部子系统间的信息流如图6.6所示。

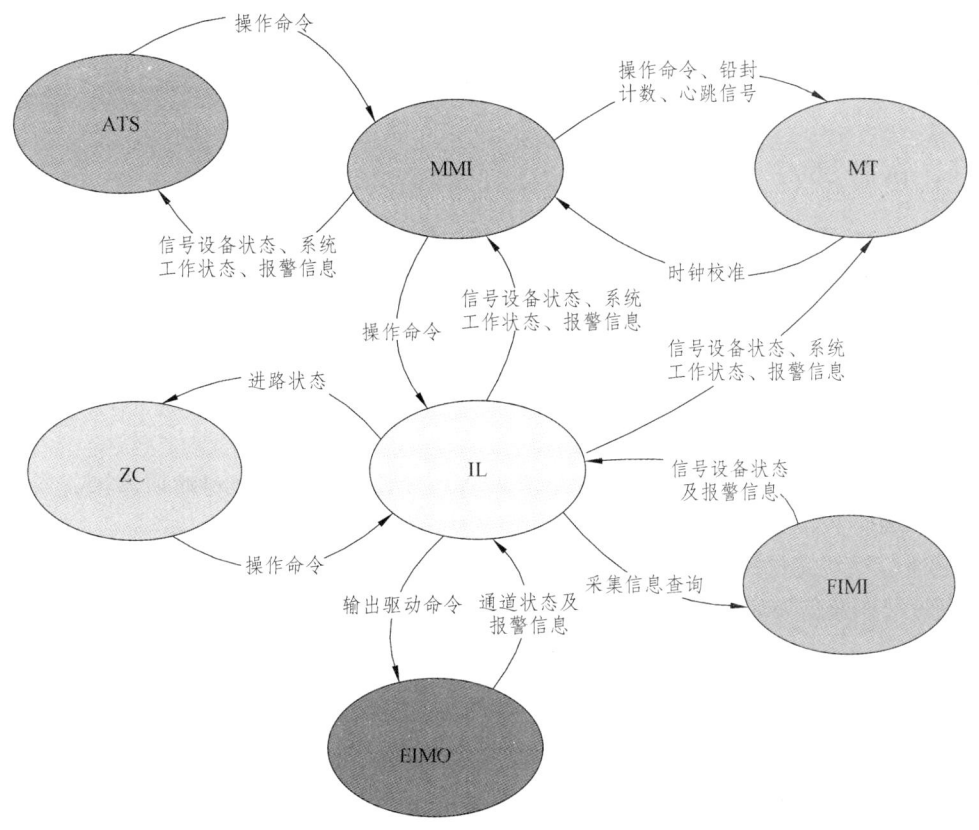

图6.6 计算机联锁系统的信息流图

监控计算机接收、处理来自控制台或ATS系统的控制命令,并发送给联锁逻辑子系统;监控计算机实时接收联锁逻辑子系统发来的当前的现场信号设备的状态等信息,并显示给车务操作员,或发送给ATS系统;监控计算机将操作命令、铅封计数、时钟校准、心跳信号等信息实时发给维护终端。

联锁逻辑子系统从操作显示子系统接收车务操作员的控制命令,并实时将现场设备的状态和系统状态、故障信息发送给操作显示子系统和维护终端子系统。联锁逻辑子系统从输入子系统接收现场设备的状态信息,并接收输入子系统的工作状态、报警信息。联锁逻辑子系统经过处理运算,向输出子系统发送输出控制命令。联锁逻辑子系统定期向ZC等其他信号系统传送所需要的信息;ZC等其他信号系统定期向联锁逻辑子系统传送所需要的信息。

输入子系统FIMI收到联锁机的信息呼叫命令后,对联锁机的命令做出应答,将监控对象的状态信息、采集通道的状态信息以及子系统的报警信息上传。

输出子系统FIMO收到来自联锁机的输出命令后,要根据输出命令完成驱动输出,同时,要对联锁机的命令做出应答,将子系统的状态信息上传。输出子系统FIMO连续3 s

收不到联锁机下发的命令，子系统的输出倒向安全侧。

维护终端定期向监控计算机发送时钟校准信息，并接收来自操作显示子系统的数据，包括操作命令、铅封计数、心跳信号等信息，并进行存储。维护终端还实时接收来自联锁逻辑子系统的数据，包括操作命令、现场信号设备的状态、系统的工作状态等信息。维护终端预留 RS422 接口，定期向微机监测系统发送站场状态、系统故障等信息。

二、软件部分

计算机联锁系统的软件，按系统硬件组成可划分为操作显示接口子系统软件包、联锁逻辑子系统软件包、输入子系统软件包、输出子系统软件包和维修终端子系统软件包。几个软件包之间相互通信实现应有的数据交换。

1. 监控机子系统软件

监控机子系统一般采用嵌入式操作系统。

监控机子系统设主程序模块，用于调度管理网络通信模块、串口通信模块、用户程序处理模块和时钟校准处理模块。

网络通信模块完成网络通信模块、IL 通信模块、MT 通信模块实例的创建和初始化参数的设置。网络通信模块接收主程序模块的运行命令，启动监控机与外接系统的网络通信。

串口通信模块完成 ATS 通信模块实例的创建和初始化设置，接收主程序模块的运行命令，启动监控机与外接系统的串口通信。

用户程序处理模块完成显示处理模块、操作处理模块和报警处理模块实例的创建和初始化设置。接收主程序模块的运行命令启动显示处理模块、操作处理模块和报警处理模块的工作。时钟校准处理模块完成本地时钟的校准操作。

2. 联锁逻辑子系统软件

如图 6.7 所示，联锁逻辑子系统软件包括 3 个部分：系统软件平台、联锁逻辑处理软件和工程配置数据。

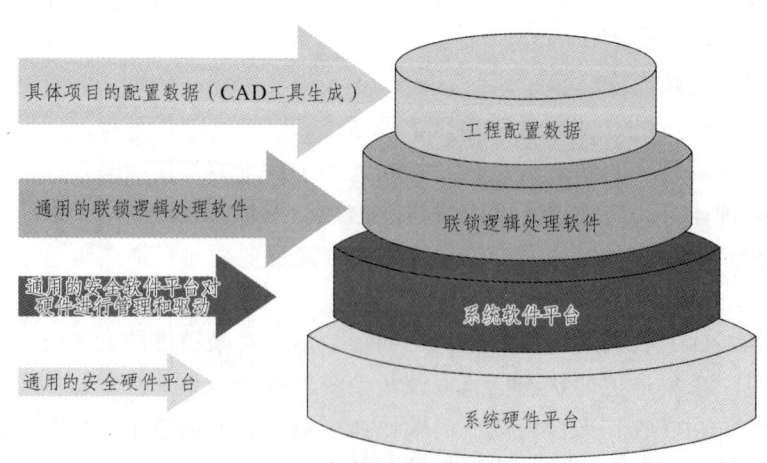

图 6.7 联锁逻辑子系统的软件结构图

3. 系统平台软件

联锁逻辑子系统中的系统平台软件是整个软件包的基础，负责对系统硬件的安全冗余平台的驱动和管理，使系统软件的可靠性、安全性提高一个档次。系统平台软件的开发严格按照 CENELEC 系列标准开发，符合 SWSIL4 的要求。系统平台软件的主要功能如下：

（1）基于"二取二比较"的双 CPU 同步管理和输出比较；

（2）二重系之间的同步和切换的管理；

（3）数据更新和时间管理；

（4）定时中断的管理；

（5）接口驱动和管理；

（6）系统硬件在线检测；

（7）和监控机子系统的通信；

（8）和 IO 子系统的通信；

（9）启动引导、看门狗；

（10）系统错误与报警处理；

（11）调试和模拟仿真测试

4. 联锁逻辑处理软件

联锁机子系统中的联锁逻辑处理软件是整个软件包的核心，直接涉及联锁逻辑运算结果的安全。联锁逻辑软件，根据标准站场进行设计，涵盖了工程应用中的各种场景需求。对于不同的工程项目，联锁逻辑软件是通用的。

联锁机的软件和数据的安全性，直接影响整个计算机联锁系统的安全性。联锁逻辑处理软件的开发过程严格按照中国铁路总公司安全产品认定标准进行。联锁软件、数据的任何变更都在严格、有序的控制下进行。

联锁逻辑处理软件的编制采用模块化结构，根据联锁数据结构可分为信号模块、区段模块、道岔模块、超限模块、零散模块。它与继电联锁的组合拼接相近，对于确定的站场，将各种模块与站场信号设备相对应，就完成了联锁数据模块的链接。举例站场和对应的联锁数据模块结构如图 6.8 所示。

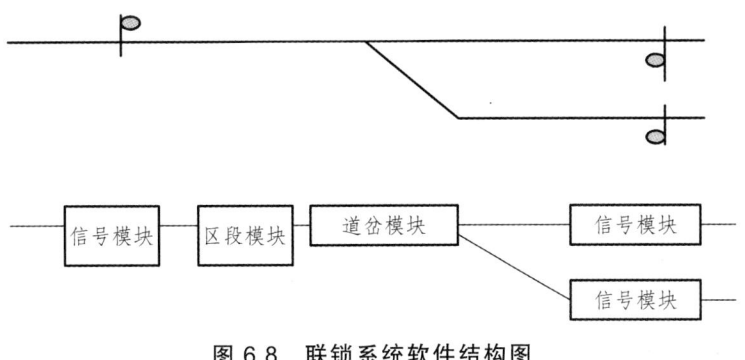

图 6.8 联锁系统软件结构图

联锁软件的编制思想与继电联锁有许多相同之处，如信号开放后，继电联锁是靠网络线的供电来证明信号开放的条件具备，而计算机联锁是靠CPU每次程序循环沿着模块链进行检查，以证明信号开放的条件具备。联锁数据模块采用站场图形数据结构连接构成，程序采用分层管理。

5. 应用配置数据

项目的应用配置数据是系统软件包的一个重要组成部分，将用户提供的站场数据，包括站场平面图、信号显示关系图、联锁表以及用户需求等信息，输入到CAD工具中，CAD工具自动生成工程专有的配置数据，供联锁逻辑处理软件、监控机子系统软件、维护终端子系统软件使用。应用数据的整个配置过程经过严格的控制和验证测试。

6. 输入/输出子系统软件

输入/输出子系统的主程序运行于高性能的工业控制处理器之上，采用单任务大循环程序结构。输入子系统软件使用定时中断、握手中断（外中断）、UART发送中断和UART接收中断。

主程序的功能是实现系统初始化和程序调度。

主程序在复位后首先进行系统初始化。系统初始化包括硬件资源初始化和系统状态初始化。硬件资源初始化包括CPU初始化、CAN初始化；系统状态初始化包括配置子系统地址、配置主从机、输出状态初始化等。

主程序程序调度采用单任务大循环程序结构。主程序在系统初始化后，进入大循环体，顺序执行大循环中的子程序模块。子程序模块包括CAN接收模块、CAN发送模块、UART发送模块、UART接收模块、通信数据处理模块、输出处理模块、通道自检模块、错误号码处理模块。

如发生中断，则执行相应中断服务程序。中断服务程序模块包括定时中断服务程序、握手中断服务程序、UART发送中断服务程序、UART接收中断服务程序。未使用中断嵌套。

7. 维护终端子系统软件

MT子系统采用嵌入式Windows XP操作系统，软件开发工具为Delphi6。

维护终端子系统软件设主程序模块，用于调度管理网络通信模块、串口通信模块、用户程序处理模块和时钟校准处理模块。

网络通信模块完成网络通信模块、联锁机通信模块、监控机通信模块实例的创建和初始化参数的设置。网络通信模块接收主程序模块的运行命令，启动维修机与外接系统的网络通信。

串口通信模块完成微机监测通信模块实例的创建和初始化设置，接收主程序模块的运行命令，启动维修机机与外接系统的串口通信。

用户程序处理模块完成显示处理模块、记录收集存储处理模块、报警处理模块、记录回放处理模块、远程诊断处理模块实例的创建和初始化设置，接收主程序模块的运行命令，启动显示处理模块、记录收集存储处理模块、报警处理模块、记录回放处理模块、远程诊断处理模块的工作。时钟校准处理模块完成本地时钟的校准操作。

任务二 联锁子系统的功能

在 CBTC 信号系统中，计算机联锁系统实时采集站场状态信息、接收来自其他信号系统的数据和车务操作人员的操作命令，进行联锁逻辑运算，对现场设备进行控制、向其他信号系统发送数据。其中，计算机联锁系统的逻辑运算功能主要包括：信号机控制、道岔控制、区段控制、进路控制、保护进路控制、屏蔽门控制和监督、紧急停车按钮监督、防淹门控制和监督、场联控制等功能。此外，计算机联锁系统还提供站场设备状态表示的接口功能和系统信息查询等功能。

对计算机联锁系统的功能分项描述如下：

1. 基本功能

计算机联锁系统能保证列车运行安全，实现列车进路上轨道区段、道岔、信号机、紧急停车按钮、屏蔽门/安全门等设备之间的正确联锁关系。

计算机联锁系统采用安全冗余结构。

对于来自操作人员的错误操作，计算机联锁系统具备有效的防护能力。

联锁设备在系统重启后或联锁上电开机时，联锁执行最严格封锁、限速等安全命令。

联锁设备对于具有占用区间的反向折返进路和顺向进路可具备敌对检查功能。

在靠近存车线的站台和轨旁的适当位置，设置"工作人员保护开关"以封锁进出或通过存车线的相关进路，保证司机在前往侧线取车或存车后返回车站时获得安全保护。

2. 信号机功能

地面信号机的显示距离应满足中华人民共和国国家标准《城市轨道交通信号系统通用技术条件》关于地面信号显示的有关规定。

联锁实时监督信号机的显示状态（包括显示损坏报警和短路检查），信号机开放后能不间断地检查显示良好状态。LED 信号机发光二极管在一定故障范围内（可调）时应发出维修报警，超过该故障范围时发出灯丝断丝故障报警，并自动关闭该信号机。

不允许信号出现乱显示，即不符合规定的信号显示，在组合灯光开放和关闭时，同时点灯或灭灯。

信号机处于亮灯状态下，联锁系统具有灯丝监督功能。

轨旁信号机显示的原则如下：

绿色灯光：表示道岔已锁闭，并全部开通直向，准许非连续级列车按规定速度越过该架信号机；连续级列车不准越过信号机（信号机处于灭灯状态时，准许连续级列车越过信号机）。

LED 信号机

黄色灯光：表示道岔已锁闭，至少一个道岔开通侧向，准许非连续级列车按规定速度越过该架信号机；连续级列车不准越过信号机（信号机处于灭灯状态时，准许连续级列车越过信号机）。

红色灯光：所有列车不准越过信号机。

红色灯光+黄色灯光：表明开放引导信号，准许非连续级列车以不大于一个规定的速度越过该架信号机并随时准备停车；连续级列车不准越过信号机（信号机处于灭灯状态时，准许连续级列车越过信号机）。

灭灯：非连续级列车不准越过信号机；连续级列车按照收到的移动授权指示行车。

不允许信号出现乱显示（即不符合规定的信号显示）。在组合灯光开放和关闭时，能保证同时点灯或灭灯。

联锁系统能对信号机进行设置和取消"封闭"功能。

线路尽头设阻挡信号机，尽头阻挡信号机采用单红灯位信号机，永远显示红色灯光，不准列车越过信号机。

3. 道岔功能

控区内每一组道岔应能人工单独操纵，也能进路选动和带动。单独操纵优先于进路选动和带动。

联锁道岔受进路锁闭、区段锁闭、防护锁闭、双动道岔锁闭和人工单独锁闭。一旦锁闭，该道岔不能启动。

联锁系统具有对道岔设置和取消"单独锁闭"的功能。

当以进路控制方式操纵道岔时，进路上的道岔应顺序选出，以错开道岔动作电流启动峰值。

当道岔在规定时间（13 s）内失去表示时，能自动进行声光报警。

道岔转换完毕后，自动切断道岔动作电源。

只有当道岔实际位置与操作要求一致，并经检查自动开闭器的两组接点排的相应接点位置正确，才能构成道岔位置的正确表示。

启动道岔时先切断位置表示。

发生挤岔时有挤岔表示。

人工单独锁闭时，不影响道岔的位置表示。

若运营需要，当道岔区段故障时，可通过安全操作对道岔进行强行扳动。

4. 区段功能

计算机联锁系统能对每个逻辑区段设置"区段封闭"的操作。

任何操作不得使占用的区段解锁。

任何操作不得使列车、车列所在进路内运行前方的区段解锁。

对于故障锁闭的区段，能通过"区段故障解锁"操作，解锁该区段。

计算机联锁系统开机后，保持全场锁闭。通过"上电解锁"操作，将各个区段解锁。在联锁和点式运行等级下，联锁设备以计轴区段为单位进行分段解锁；在CBTC运行等级下，联锁设备以逻辑区段为单位进行分段解锁。

5. 进路功能

计算机联锁系统能通过办理进路为列车运行提供保护。

列车进路控制应以联锁表为依据，持续检查进路上道岔、信号机、区段（含超限区段）、屏蔽门、紧急停车按钮、防淹门、敌对进路、照查条件、侧面冲突等联锁条件。联锁条件不符时，禁止进路开通，或及时关闭相应的信号。

计算机联锁系统能提供进路取消和进路解锁功能。

进路可随列车正常运行，按照"三点检查"的原则，自动逐段解锁。

当进路处于接近锁闭时，办理人工解锁时，需要进行延时解锁。

当进路未处于接近锁闭时，办理人工解锁时，进路立即解锁。当进路处于接近锁闭时，办理人工解锁时，需要进行延时解锁。联锁进路（不含引导进路）开放后，如果接近列车模式出现变化（升级或降级）时，联锁系统应自动将开放的信号转换到所需的信号级别。

联锁系统对所有进路都提供侧冲防护。

6. 进路保护功能

计算机联锁系统在对正常进路防护的同时，应能根据运营要求，对所有的列车进路设置保护区段。当保护区段内有道岔时，联锁能够提供不同方向（道岔直向和道岔侧向）的保护区段。

进路保护

联锁设备需判断保护区段的设置时机，后续列车进路保护区段的设置不能影响前行列车的运行和折返作业。

保护进路的锁闭和后续进路的锁闭不应相互影响。

7. 自动通过功能

计算机联锁系统能设置和取消进路的自动通过功能。对于已经开放的进路（引导进路除外），可以设置"自动通过"功能。当进路的"自动通过"功能设置生效后，操作界面上应有相应的显示。

如果办理了自动通过进路后，该通过进路的信号机将随列车运行自动变换相应显示，无须再次排列进路，设置自动通过进路后，列车出清该进路后不解锁，信号自动开放。当"自动通过"功能设置生效后，办理"总取消"或"总人解"时，"自动通过"功能同时被取消。

当"自动通过"功能设置生效后，联锁条件（屏蔽门条件除外）不满足时，自动通过功能自动取消。

8. 自动折返功能

计算机联锁系统能设置和取消进路的自动折返功能。

联锁控制的自动折返设置地点在线路所有具备折返条件（具有折返线或临时停车线）的车站均设置联锁级的自动折返功能，对应其中有多条折返轨的车站应分别设置单轨1自动折返、单轨2自动折返和两轨全自动折返等多选自动折返功能，其中全自动折返功能以先进先出为原则设置。

联锁设备也支持降级运营模式下折返站列车进路的自动设置。

9. 屏蔽门/安全门功能

联锁系统实时监督屏蔽门/安全门的门状态和互锁解锁开关的状态，对列车运行提供防护。

信号机关闭后，未经再次办理，不得重复开放；但当进路检查条件中加入屏蔽门/安全门关门状态检查时，屏蔽门/安全门关门状态丢失并恢复后，联锁检查其他条件满足，信号机能自动重复开放。计算机联锁系统应能接收来自 ATP 系统的屏蔽门操作命令对屏蔽门进行控制。

10. 紧急停车按钮功能

联锁系统实时监督紧急停车按钮的状态，对列车运行提供防护。联锁设备检查车站 IBP 盘和站台紧急停车按钮的状态，一旦检测到按钮被按下，立即关闭相应的列车进路。

11. 扣车功能

联锁系统接收操作员的扣车命令，执行相应的扣车功能。

12. 相邻站联系功能

计算机联锁系统能和相邻站联锁系统进行通信，保证列车安全的跨区运行。

跨区进路应进行场间照查，防止敌对方向的进路建立。

相邻联锁站间通信中断后，进路状态符合故障-安全原则。

13. 车辆段/停车场联系功能

计算机联锁系统能与车辆段/停车场计算机联锁系统进行接口，确保列车出/入场运行安全和提高出/入场能力，防止出场与入场作业间因自动办理进路相互冲突而产生死锁。

排列至出/入场线的进路，满足正线与停车场的相互敌对照查条件，防止敌对方向的进路建立。

14. 试车线功能

计算机联锁系统与车辆段/停车场计算机联锁系统进行接口，确保列车出/入试车线的运行安全。

用于试车线控制的计算机联锁系统取得控制权后，才能排列试车进路，对试车线上的列车进行相应的测试。试车作业过程中，试车线计算机联锁系统实时监督允许试车指示，一旦指示丢失，立即关闭相关的试车进路。

15. 联络线功能

计算机联锁系统与其他线路的信号系统进行接口，确保列车在联络线上的安全调车。

16. 点式 ATP 控制功能

联锁系统能向 LEU 设备提供联锁信息，支持列车的点式控制级别的运行。

当 ATP 功能丧失时，联锁设备也支持交路折返站列车进路的自动设置。当折返站的折返信号机被设置为自动折返模式时，地面联锁设备应在保护区段解锁后，自动排列列车的折返进路（含折入和折出进路），开放相应的信号机。

列车与地面失去通信（含点式通信）时，列车只能在限制或非限制人工驾驶模式下运行，司机根据调度命令和地面信号显示驾驶列车，联锁设备保证列车运行进路的安全。

17. 操作显示功能

计算机联锁系统能通过联锁现地工作站实时监督和记录站场设备的状态和系统的工作状态。

联锁系统接收并实时处理来自 ATS 系统的操作命令。

联锁现地工作站能对不同的操作人员赋以相应的职责、权限，以保证对设备的正确控制。对由人工确保安全的操作命令，必须有相应的安全操作手段和操作记录。

18. 记录和查询功能

计算机联锁系统应能记录、存储系统的工作状态以及与其他信号系统的通信信息/通信状态，为维护人员提供相关历史信息的查询、回放等功能。

计算机联锁系统具有完善的远程故障自诊断功能。

系统必须具备对关键运营数据和设备运行数据保留 1 月的在线存储能力。

联锁设备能监视和记录自身的工作状态和轨旁设备的状态，主要内容包括但不限于：

（1）进路状态；

（2）轨道的占用/空闲；

（3）信号机显示；

（4）道岔位置；

（5）信号机主灯丝状态监测及断丝报警；

（6）转辙机动作状态等。

项目七　数据通信系统（DCS）

【项目描述】

数据通信系统（DCS）作为信号系统的子系统，是一个非安全系统，但它承载着信号系统安全信息和非安全信息的传输，具有极其重要的作用。

DCS 简介

任务一　系统网络结构描述

数据通信系统（DCS）在各设备之间通过有线网络和无线网络两种不同的网络实现双向通信，用以提供各设备子系统之间的有线信息传输以及地面设备与车载设备之间的无线信息传输。数据通信系统（DCS）由有线网络系统、车-地无线系统和 DCS 管理系统组成，其结构组成如图 7.1 所示。

DCS 网络

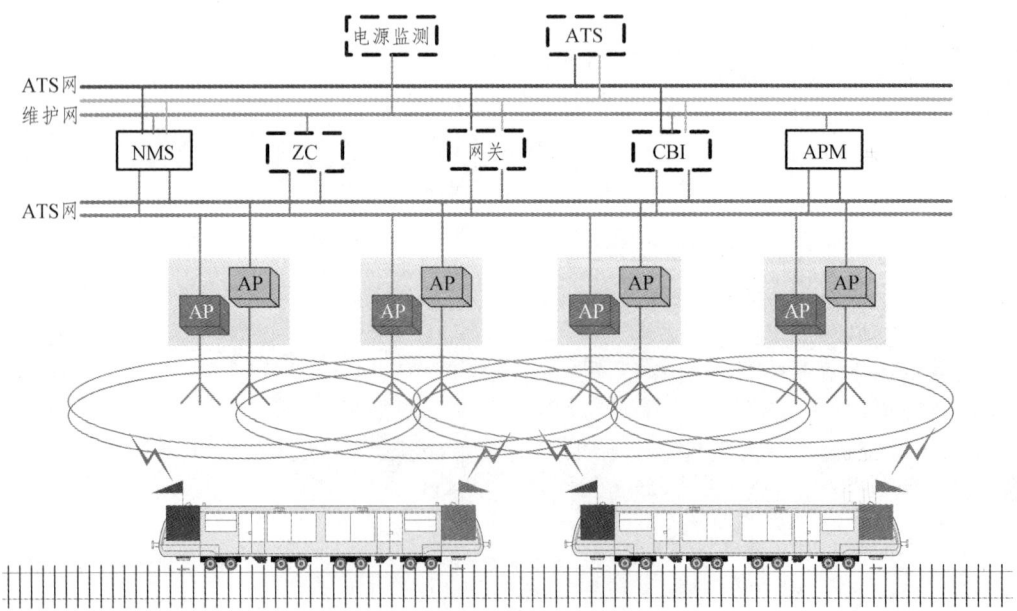

图 7.1　DCS 结构示意图

有线网络由骨干网和接入交换机组成,其中骨干网可以使用通信专业传输网络组网,也可以由信号专业独立组网。下面以骨干网由信号专业单独组网,骨干网配上信号系统提供的以太网交换机,构成整个有线网络为例。DCS 有线网络为信号系统提供专用有线信息传输,为控制中心、车站、车辆段和停车场之间提供信息的透明传输通道,为控制中心、车站、车辆段、停车场、试车线、维修中心和培训中心的信号设备提供局域网连接。

车-地无线网络采用无线自由波天线进行车地双向通信,基于 ISM 的 2.4 GHz 开放频段,利用专有的工业级无线设备组件和标准化、模块化、通用化和商用化的有线硬件设备,构成一个高可用性的车-地无线网络。

在数据通信系统(DCS)中配置 DCS 管理系统,其中 APM(Access point Master)子系统为 DCS 的运营维护和故障分析提供依据,NMS(Network Management System)子系统用于系统的网络管理。DCS 管理系统的配置,保证为 CBTC 信号系统提供一个高可维护性的数据通信网络。

一、有线网络子系统

DCS 有线网络系统的各个部分通过冗余的光纤骨干网互相连接起来。骨干节点和骨干网接入交换机构成了轨旁网络的一部分,该轨旁网络通过光纤沿线路延伸,构成整个信号系统的有线网络系统。

骨干网设计时为用户提供了完善有效的 SDH 网络自愈保护方案,从而根据不同的网络拓扑实现灵活可靠的自愈保护倒换。

车站有线网络采用成熟的基于 IP 的以太网技术接入到骨干网;接入网的设备为以太网交换机,接入交换机通过 RJ45 以太网接口与骨干网节点设备相连。

与有线网络连接的应用系统主要包括:ATP/ATO 系统、ATS 系统、联锁系统、MSS 系统及电源监测系统。逻辑上,根据应用数据的安全性和可靠性,将有线网络划分为 5 个独立网络:2 个冗余的 ATC 网、2 个冗余的 ATS 网和 1 个维护网(含电源监测)。

这些网络在逻辑上是完全独立的,且 2 个 ATC 网互为冗余,2 个 ATS 网互为冗余。其中,ATC 网络带宽为 2×100 Mb/s,ATS 网络带宽为 2×100 Mb/s,维护网(含电源监测)带宽为 100 Mb/s。

二、车-地无线网络子系统

车-地无线网络工作在 2.4 GHz(2.4 G~2.483 5 GHz)开放频段;采用冗余双网设计,双网分别对应有线网络的冗余 ATC 网,轨旁无线单元与车载无线单元配置都是冗余的。

为信号系统提供的车-地通信传输采用无线自由波方式,完全可以适应隧道、地面、高架等各种城市轨道交通的工程条件。

信号系统车-地无线网络全部使用工业级的无线设备构建。利用专有的工业级无线设备组件,构建一个高可靠和高可维护性的全线车-地无线通信网络。

车-地无线网络在轨旁配置轨旁无线接入点(AP)和轨旁定向天线。一个 AP 箱内配置

2个AP模块(简称AP),分别为2个不同的ATC网AP模块,轨旁天线在一个点配置两组连接不同ATC网的定向天线。

车载无线单元的布置位于列车的车头与车尾,轨旁无线单元的布置使用星型连接方式与无线接入交换机连接。轨旁自由波AP接入点的布置,结合AP场强覆盖参数,按照红蓝网冗余覆盖的原则,并依据线路的情况和工程经验,按照220～250 m进行预置。

车-地无线网络结构如图7.2所示。

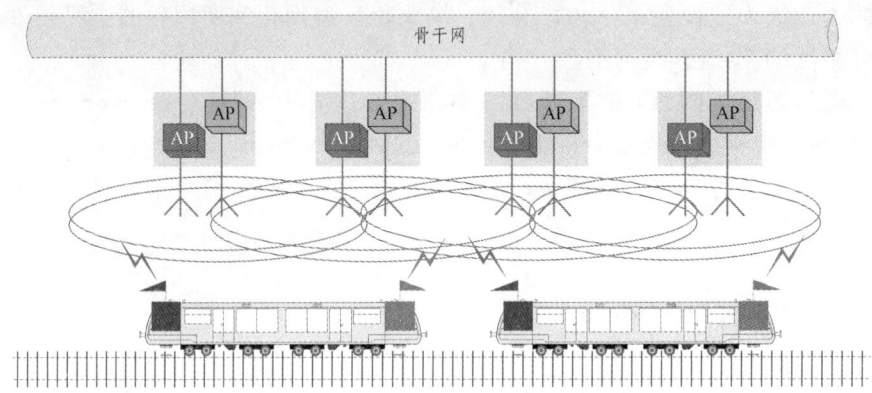

图7.2　DCS车-地无线网络示意图

车-地无线网络使用的传输介质为空间自由波,通过车载天线接收/发送无线信息,可以适应多种地铁线路地下作业条件。车-地无线网络设备包括轨旁接入点、自由波天线、车载无线单元、车载天线以及各种线缆,所有无线设备均使用工业化、模块化的COTS产品,可以方便地升级、维护和扩展。

车-地无线网络覆盖线路所有区域,包括正线、折返线、停车线、联络线、车辆段内试车线、车辆段/停车场出/入段、场线、车辆段/停车场内停车库线等。在线路的轨旁配置轨旁无线接入点(AP箱)和轨旁自由波天线,在列车头尾分别安装2个车载天线,用于接收无线自由波信号。

无线接入点一个AP箱内配置2个AP模块(简称AP),分别对应2个不同的ATC网;轨旁天线在一个点配置两组连接不同ATC网的定向天线。

轨旁自由波AP箱的功能结构框图如图7.3所示。

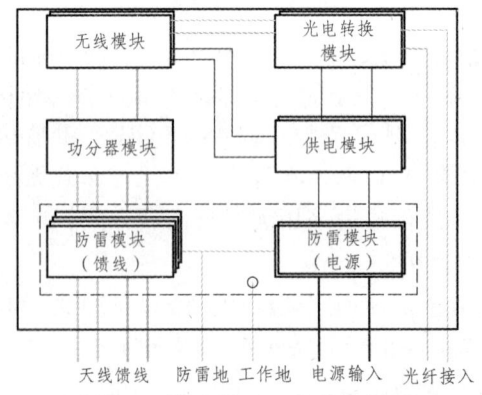

图7.3　自由波AP箱结构框图

DCS 车载子系统由车载无线单元（Client）和车载天线组成。在车头、车尾分别安装一套信号车载无线单元及车载天线，通过车顶（具体安装位置待设计联络阶段确定）的鲨鱼鳍天线发送/接收无线自由波信号，车头与车尾的无线单元分别与两个 ATC 网上的 AP 相关联，同时利用两个 ATC 网发送/接收数据。

DCS 车载子系统的结构框图如图 7.4 所示。

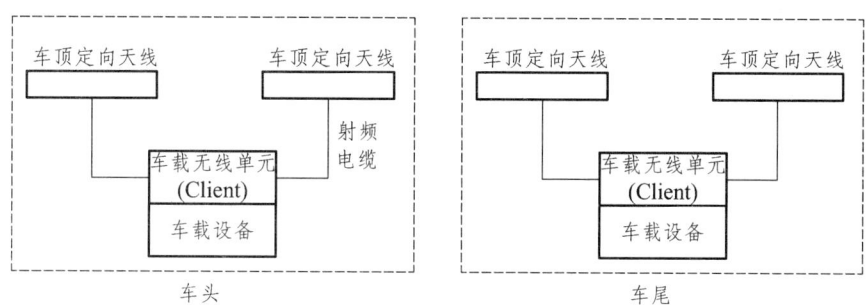

图 7.4　CBTC 系统车载无线单元及天线连接图

三、无线管理（APM）子系统

APM 系统由多个 APM 服务器组成，在各个设备集中站、车辆段、停车场和培训中心分别配置 APM 服务器，共配置 12 个 APM 服务器。APM 记录地面之间和车地之间双向的数据交互信息，为 DCS 系统的运营维护和故障分析提供依据。APM 硬件由一台服务器组成，配置 3 个网卡，其中两个网卡直接与 ATC 网络相连，一个网卡与维护网络连接。通过对骨干网接入交换机进行端口配置，把连接 ZC 的端口、连接联锁的端口和 DCS 无线接入交换机的端口的收发数据复制到连接 APM 的端口上，使得 APM 能够记录 ZC、联锁和车载 ATP/ATO 的发送与接收数据。

四、网络管理（NMS）子系统

网络管理（NMS）系统由 NMS 服务器和 NMS 工作站组成，与 ATC 网相连接，管理和监控正线（包括出入段线）、车辆段和车辆段列检库所有的网络设备的工作状态，同时接收 NMS 服务器发送的所有网络设备的状态信息。在维修中心设置 NMS 工作站（DCS 网管工作站），与 ATS 网和维护网相连接，管理和监控 ATS 网和维护网中的网络设备，同时接收 NMS 服务器发送的所有网络设备的状态信息。在控制中心设置 NMS 服务器（DCS 网管工作站），采集、处理并存储来自所有 NMS 工作站的网络设备状态信息，并向 MSS 系统提供被监控设备的状态信息。在控制中心设置事件打印机，在车辆段设置网管打印机。

NMS 系统的工作站采用基于 SNMP 协议采集网络设备工作状态的信息获取方式。由于 ATC 网络的网络设备较多，NMS 系统采用轮询方式检查所辖网络（检查 300 台设备所需时间约为 5 s）。为实现实时监控设备状态需要多设置网管工作站，在 ATC 网络将设置两台 NMS 工作站。两台 NMS 都可以管理全线 ATC 网设备，也可以分管全线 ATC 设备，最终管理方式由甲方的要求确定。

AP 及交换机支持简单网络管理协议（Simple Network Management Protocol，SNMP）。NMS 工作站周期地向沿线的 AP、交换机发送 SNMP 查询 UDP 报文，查询设备的工作状态。被查询设备收到该报文后，返回应答报文，实现对沿线设备工作状态的实时监控。

NMS 子系统提供统一的方式对网络管理进行支持，即全面监测网络的运行情况，可管理所有支持 SNMP 协议的网络设备，是适合于网络管理员和安全管理员的管理工具；其操作方便，功能实用，能够帮助管理员进行全方位的监管网络、有效的预测、定位并处理网络故障，掌握网络中各种系统资源的利用状况，定制各种性能报表，帮助客户有效地管理和提升网络的使用价值，并提高信号系统的可维护性。

任务二　DCS 系统的功能

数据通信系统（DCS）是一个独立于其他应用系统的网络，对于报文传送来说是完全透明与开放的。其他信号系统的应用程序不需要知道任何 DCS 的工作情况；反之，DCS 也不需要知道其他信号系统应用程序的工作情况。虽然 DCS 所传输的是安全型的列车控制信息，但其本身并不是一个安全型系统，只是一个可靠的数据通信系统，CBTC 系统的安全保障由信号系统采用的安全通信协议机制进行保证。

数据通信系统（DCS）的主要作用是在各个信号子系统之间传输列车控制信息、ATS 信息和维护信息，允许轨旁设备（ZC、联锁、ATS）和车载设备（车载 ATP/ATO）之间在正线、车辆段和试车线进行连续双向数据通信。其系统功能如下：

（1）实现车地间实时、连续、双向、可靠的数字报文信息传输；
（2）无线设备对区间各点实现重叠的无线覆盖，以保证无线通信的无缝漫游；
（3）列车高速运行（120 km/h）时进行可靠通信连接，实现车地无线通信的无缝漫游；
（4）当前最优的数据加密技术；
（5）具有抗 TD-LTE 及其他 3G、4G 通信设备干扰的能力；
（6）具有抗 Wi-Fi 设备干扰的能力；
（7）具有抗其他 WLAN 系统干扰的能力；
（8）具有抗 Bluetooth 设备干扰的能力；
（9）具有抗其他微波设备干扰的能力；
（10）具有抗相邻线路同频段的无线通信干扰的能力；
（11）无线系统能处理由于无线信号在地铁隧道环境中的多次反射所产生的信号时延问题和多径路干扰问题，经过相关处理的信号的丢包率、误码率和信噪比等相关技术指标均保证满足整个系统安全、可靠运行的要求。

一、有线网络子系统功能

1. 提供透明的有线传输通道

数据通信系统（DCS）定位为整个信号系统的信息传输通道，对信息的传输是透明传输。透明传输就是在数据传输时，不管传输的业务是什么，只负责将需要传送的业务传送到目的节点，同时保证传输的质量即可，而不对传输的业务进行处理。

数据通信系统（DCS）在物理上和逻辑上是完全独立的，在物理上与其他网络完全隔离，不会受到其他网络的影响。

数据通信系统（DCS）全网络的有线连接使用 IEEE 802.3 以太网标准，无线通信使用 IEEE 802.11g 无线标准，网络协议对信号系统是完全透明的，并且有线网络与无线网络完全兼容。

2. 有线网络安全保证

DCS 有线网络是一个专网，没有对外接口，也不接入外界广域网，所以在网络的边界没有设置硬件防火墙。

DCS 有线网络提供多种方式和层次的访问控制安全机制，主要包括 CLI 可通过 Radius 进行用户认证和授权；采用 SSH 协议保护远程管理会话；过滤和限制 DDOS 数据包。

二、车-地无线网络子系统功能

车-地无线网络系统分为 DCS 地面子系统和 DCS 车载子系统，为列车和地面设备之间提供安全可靠的无线通信，实现 CBTC 的列车控制和运营管理。

1. 地面无线系统功能

DCS 地面 AP 及天线功能如下：
（1）通过无线天线发送/接收自由波信号，与车载 Client 关联，发送/接收数据；
（2）实现有线信号（电信号）和无线信号（射频信号）相互转换；
（3）接收并发送地面设备信息至列车，接收并转发车载设备信息至地面；
（4）对无线信息和用户进行加密和认证。

2. 车载无线系统功能

DCS 车载子系统的车载无线单元和车载天线负责发送和接收数据。无线单元通过车载天线接收数据，并通过以太网连接把数据传递给车载 ATP/ATO 设备；车载 ATP/ATO 设备通过以太网接口将发送数据传递给无线单元，无线单元将数据通过车载天线发送给地面目标设备。其功能如下：
（1）通过车载自由波定向天线发送/接收自由波信号，与地面 AP 关联，发送/接收数据；
（2）接收车载设备的数据，通过无线发送给地面的目标地址；
（3）接收地面源地址的数据，将数据转发给车载设备。

3. 全面的抗干扰功能

无线通信具有空间特性,可能会受到环境及其他设备的各种干扰。从干扰的角度来说,向空间辐射信号的发信机是干扰源,获取并处理空间信号的接收机是被干扰对象。数据通信系统(DCS)具备完备的抗干扰方案,通过对城市轨道交通环境条件下各种干扰源的分析,并采取行之有效的多种抗干扰措施,使得车-地无线网络能够抵抗各种干扰影响。

根据分析,城市轨道交通存在若干干扰源,可能对信号系统的车-地无线通信造成干扰,如表 7.1 所示。

表 7.1 干扰源分析

干扰类别	干扰源
同频干扰	2.4 GHz PIS 系统干扰 Wi-Fi 设备的干扰 Bluetooth 设备的干扰 其他微波设备的干扰
多径干扰	无线信号在隧道内壁、车体及其他室内物体上进行反射时产生多径效应带来的干扰
电磁干扰	350 MHz 公安无线通信 800 MHz 政务无线通信 800 MHz 专用无线通信 800 MHz、900 MHz、1 800 MHz 民用无线移动通信 1 755～2 400 MHz 第三代移动通信 86～108 MHz 调频立体声广播 790～798 MHz 数字电视 牵引电流变化产生的干扰 钢轨回流谐波产生的干扰

针对上述各种干扰源,DCS 子系统在频率选择、信道选择和系统设计方面进行充分考虑,采用了一些抗干扰措施来减少和避免外界的其他干扰。下面进行抗干扰措施的具体描述。

(1)无线链路预算。

2.4 GHz 频段无线传输 300 m 的接收信号功率为 -45.5 dBm,而设备的最小接收灵敏度为 -98 dBm。因此在通信链路设计中,接收信号强度为接收机正常工作预留足够的多达 50 dB 以上的余量,保证周围电磁环境变化不影响无线系统的使用。只要接收干扰信号的强度不大于 -52.5 dBm,就能够满足信噪比的要求,在其他抗干扰措施,如屏蔽、定向天线的配合下,车厢内乘客的便携式 Wi-Fi 等干扰不会影响到通信性能。

(2)高增益定向天线。

车载使用高增益定向天线保证信号的可靠接收。定向天线可以有效控制无线信号的发送和接收区域,减少对周围无线环境的干扰,并且定向天线不能接收天线方向角以外的无线干扰信号,从而减少了无线干扰。图 7.5 为车载天线方向性图。

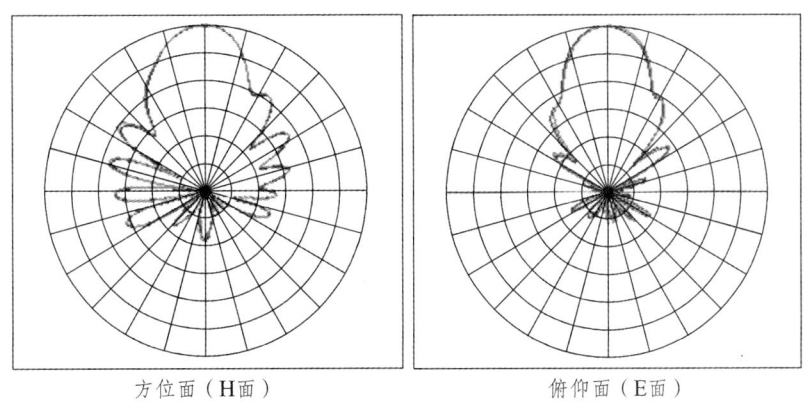

方位面(H面)   俯仰面(E面)

图 7.5 车载天线方向性图

(3)频率分集与双频冗余。

频率分集是指使用多个不同的频率来传输数据,以减少所有使用中的信号路径以同样的方式失真的可能性。

本工程使用双频覆盖设计实现频率分集,任何时候对信号系统中的每一辆列车来说,都可以同时接收两个不同频率的信号,这样两个频率同时受到干扰的可能性大大减少。

(4)空间分集。

在接收端安装几个不同的天线,利用电磁波到达各个天线的行程不同来减少或消除衰落的影响,这种方法称为空间分集。在每一个车载无线单元均配置双天线,通过设置使这两副天线工作在分集模式下,这两副天线既可以实现空间分集来有效抵抗多径干扰,也可以冗余备份提高可靠性。

(5)滤波装置。

在 IEEE802.11 标准无线局域网中,每个信道的带宽为 22 MHz,但是相邻信道的间隔为 5 MHz,因此共有 3 个无干扰信道 1、6 和 11。图 7.6 是 IEEE802.11 标准规定的频谱图,从图中可以看出,这 3 个信道虽然主波无干扰,但是二次谐波还是会形成干扰。

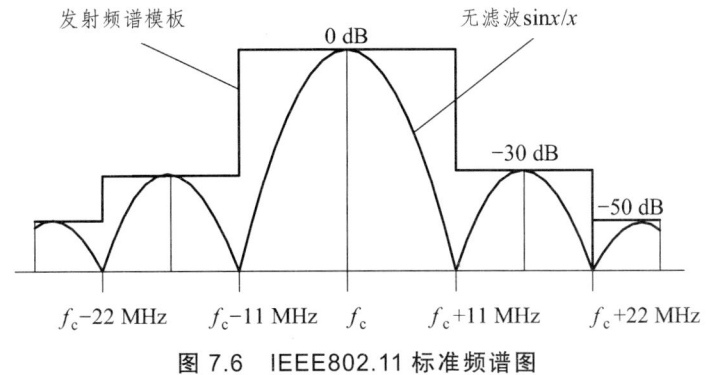

图 7.6 IEEE802.11 标准频谱图

在工程中,在轨旁和车载无线设备前端加装滤波装置就可以滤除这种二次谐波造成的干扰和其他的杂波干扰。例如,在重庆地铁 3 号线三期工程沿线有 WCDMA 基站干扰,虽然频率不同,但是 WCDMA 基站的发射功率高达 25 W,它的带外杂波会对 CBTC 系统造成干扰,通过滤波装置消除了这种干扰的影响。

(6)接入方式设计。

在无线设备接入中,站点首先向 AP 发送一个含有发送站点身份的认证管理帧;然后,AP 发回一个提醒它是否识别认证站点身份的帧进行响应。

当前城市轨道交通乘客会携带便携式 Wi-Fi 设备,例如手机很多都具有 Wi-Fi 功能。这些设备会搜索无线信号,搜索到以后发送认证管理帧尝试建立连接。虽然 CBTC 系统的安全性措施使它不能接入,但是这会影响 DCS 系统的效率。

为此,地面无线设备只允许网桥模式接入,普通终端无线关联,并且通过配置使它对普通终端的接入请求不予响应,以避免效率降低。

(7)自动功率控制。

DCS 系统的地面无线设备可以检测背景噪声和干扰的大小,并根据线路背景噪声和干扰的大小来调整 AP 的发射功率,以补偿损耗和因为干扰造成的噪声增加。AP 的功率调整范围为 1~200 mW。

(8)自动重传协议。

在无线设备的媒体接入控制层增加自动反馈重传协议,接收端检测收到的数据包是否有误码,如果有,则通知发送端重新发送。数据发送端在发送数据包后要等待来自接收端的确认数据包(ACK),如果因为干扰或其他原因发生丢包,指定时间内未收到 ACK 或者重新发送请求,则发送端将重新发送相同的数据包,如图 7.7 所示。

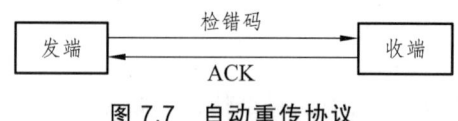

图 7.7 自动重传协议

(9)低传输占空比。

无线数据的收发空中速率为 6 Mb/s,发送的数据包小于 200 字节。每列车控制信息的速率占用传输的占空比不到 1%,使在传输时受干扰影响的概率很小。即使受到干扰,重传机制也有足够的时间重新发送数据包。

(10)电磁兼容设计。

在多设备互连的环境中,一台可靠运行的设备,应该具备"不被其余设备影响正常工作,不影响其余设备正常工作"的能力,即不为外界电磁空间所骚扰(抗骚扰度),不辐射/传导过大信号干扰临近设备(辐射/传导骚扰);同时要对静电释放、电网谐波、电网浪涌、雷击感应等异常电磁现象有抵抗力。

电磁兼容性包括两方面:EMI(电磁干扰),EMS(电磁耐受)。其中,EMI 包括 CE

（传导干扰）、RE（辐射干扰）、PT（干扰功率测试）等。EMS 包括 ESD（静电放电）、RS（辐射耐受）、EFT/B（快速脉冲耐受）、Surge（雷击）、CS（传导耐受）等。

（11）隐藏广播消息。

在 IEEE802.11 标准中，默认每 100 ms 以最大功率发送广播消息，终端根据广播消息进行接入和越区切换。然而轨道交通乘客的便携式 Wi-Fi 设备也可以根据广播消息搜索到 AP，搜索到 AP 以后，乘客可能会进行有意或无意的连接，这会带来干扰并降低效率。所以，轨旁所有设备都隐藏广播消息使乘客不能搜索到 AP 的存在。

（12）空间分割与屏蔽。

车载八木天线用金属屏蔽天线方向性角以外的信号，可以降低干扰信号的影响。例如，北京地铁 14 号线的测试结果显示，采用金属屏蔽以后可以降低无线干扰 5 dB 左右。如果 PIS 系统也工作在 2.4 GHz 的 ISM 频段，车载 PIS 天线应该和 CBTC 系统天线有一定的间隔和屏蔽，这样通过空间分割减少了 PIS 系统的谐波干扰。

（13）窄带通信技术。

IEEE802.11 标准的直接序列扩频无线局域网中每个信道的带宽为 22 MHz，IEEE802.11g 标准每个信道的带宽为 20 MHz，在 2.4 GHz 频段只有 3 个无干扰信道。采用 5 MHz 带宽模式独立的信道数目变多了，所有的信道都互不干扰。更为重要的是，在同样发射功率的情况下，5 MHz 模式下设备的功率谱密度提高了 6 dB；同时接收干扰信号的幅度降低了 6 dB，如 20 MHz 带宽的底噪为 −100 dBm，而 5 MHz 带宽只有 −106 dBm。两者相加抗干扰能力提高了 12 dB，如图 7.8 所示。

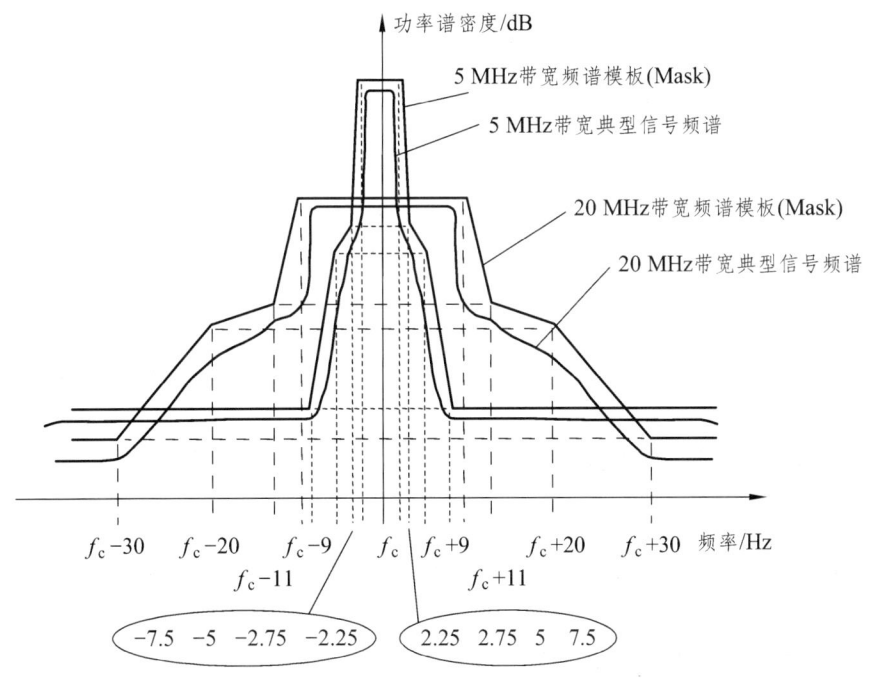

图 7.8　5 MHz 带宽和 20 MHz 带宽模式下的功率谱密度对比

系统抗干扰措施如表 7.2 所示。

表 7.2 抗干扰措施

抗干扰措施	抗干扰类型
无线链路预算	抗同频干扰、其他 WLAN 的干扰、Bluetooth 设备的干扰、其他微波设备的干扰等
使用高增益定向天线	抗天线方向角外的同频干扰、其他 WLAN 的干扰、Bluetooth 设备的干扰、其他微波设备的干扰等
频率分集与双频冗余	抗同频干扰、其他 WLAN 的干扰、Bluetooth 设备的干扰、其他微波设备的干扰等。两个频率同时受到干扰的可能性大大减少
空间分集	抗多径干扰
滤波装置设计	抗 LTE、3G、4G、公网引入、数字集群等的谐波干扰，抗 PIS 系统的谐波干扰
接入方式设计	抗用户终端的 Wi-Fi 干扰
自动功率控制	抗同频干扰、其他 WLAN 的干扰、Bluetooth 设备的干扰、其他微波设备的干扰等
自动重传协议	抗同频干扰、其他 WLAN 的干扰、Bluetooth 设备的干扰、其他微波设备的干扰，抗谐波干扰、电磁干扰
低传输占空比	降低数据受到干扰影响的概率
电磁兼容设计	抗牵引电流、钢轨回流等电磁干扰
隐藏广播消息	抗乘客的 Wi-Fi 设备干扰
空间分割与屏蔽	抗 PIS 系统和其他 WLAN 设备的干扰
窄带通信技术	抗同频干扰、其他 WLAN 的干扰、Bluetooth 设备的干扰、其他微波设备的干扰和电磁干扰等。抗干扰能力提高了 12 dB

在城市轨道交通的环境以及运营条件下，DCS 子系统采用的多种抗干扰措施可以有效地抵抗干扰，保证了车-地无线通信的网络服务质量，提高了 DCS 系统的可靠性和可用性。

三、APM 子系统的功能

通过对交换机的配置，APM 可以实时地记录信号系统地面子系统之间和车-地之间的数据交互，实现实时、不间断的网络数据记录，可以为运营维护和故障分析提供第一线的维护数据。

APM 软件是由几个功能独立的模块组成的，这样的设计降低了系统的复杂性和维护成本，如图 7.9 所示。

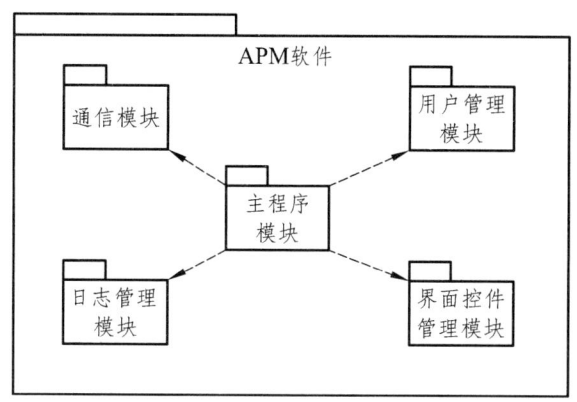

图 7.9　APM 软件结构示意图

APM 记录 ZC 与其他地面子系统之间的数据交互,记录联锁与其他地面子系统之间的数据交互,记录地面子系统与车载 ATP/ATO 之间的数据交互。其功能如下:

(1) 记录本设备集中站的 ZC 与其他 ZC 之间的数据交互,需要记录的内容包括数据包的源 IP、数据包的目标 IP、数据包的发送时间、数据包的内容等。

(2) 记录本设备集中站的联锁与其他联锁之间的数据交互,需要记录的内容包括数据包的源 IP、数据包的目标 IP、数据包的发送时间、数据包的内容等。

(3) 记录 ZC 与 ATS、联锁、DSU 之间的数据交互,需要记录的内容包括数据包的源 IP、数据包的目标 IP、数据包的发送时间、数据包的内容等。

(4) 记录联锁与 ATS、ZC、DSU 之间的数据交互,需要记录的内容包括数据包的源 IP、数据包的目标 IP、数据包的发送时间、数据包的内容等。

(5) 记录车载 ATP/ATO 与 ZC、联锁、ATS 之间的数据交互,需要记录的内容包括数据包的源 IP、数据包的目标 IP、数据包的发送时间、数据包的内容等。

(6) 提取 APM 记录数据功能需要登录输入正确的用户名和密码才可使用。

(7) APM 在数据存储达到系统所接收的上限或存储设置的上限时,将会对数据文件进行删除。删除数据时进行删除报警,以警示此数据将被删除。

(8) APM 通过以太网口与 MSS 系统连接,并以 2 s 的固定周期向 MSS 发送状态信息。

四、NMS 子系统的功能

数据通信系统(DCS)的 NMS 基于 SNMP 协议管理全线所有的网络设备,为系统运营和维护提供全方位的网络管理。

NMS 子系统管理正线、试车线、车辆段/停车场及其列检库的接入交换机、无线接入交换机和沿线的 AP,可以查询交换机和 AP 的工作状态,并可以设定 AP 的参数等。

NMS 软件是由几个功能独立的模块组成的,这样的设计降低了系统的复杂性和维护成本,如图 7.10 所示。

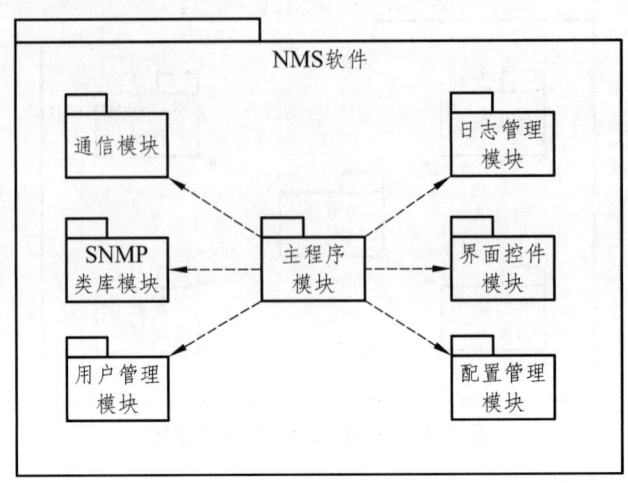

图 7.10　NMS 软件结构示意图

NMS 系统的具体功能如下：

1. 展现网络拓扑结构，进行网络拓扑管理

NMS 工作站和服务器都通过提供的各种网络设备数据，可以准确地呈现网络拓扑连接视图，展现网络拓扑关系，直观地展示网络的基本组成和连接关系。

如图 7.11 所示为 NMS 网络拓扑的示意图。

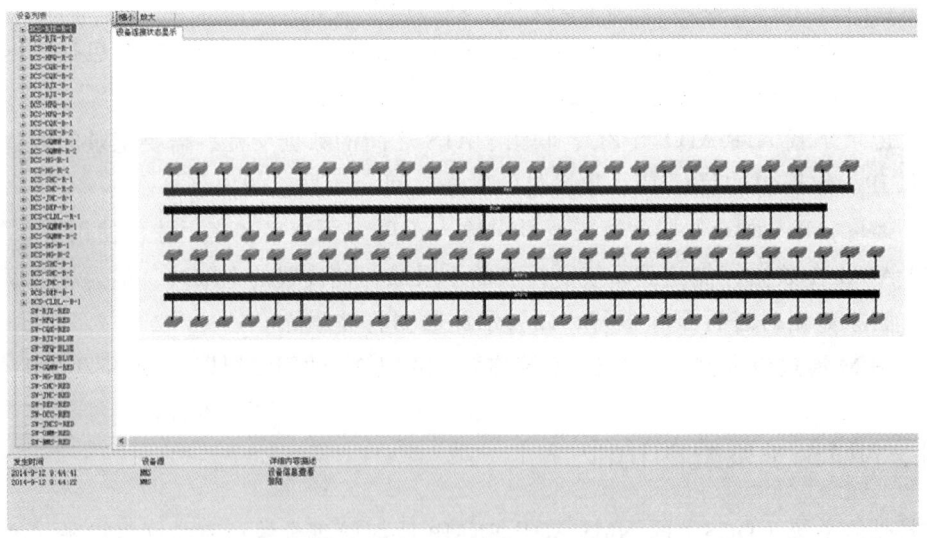

图 7.11　NMS 网络拓扑显示示意图

2. 及时监测各种网络设备的工作运行状态

NMS 工作站可以管理各网络设备，如交换机和无线 AP 等。同时，NMS 工作站需要将设备的工作状态定时发送给 NMS 服务器端，使 NMS 服务器能够快速有效地收集、显示并记录全线网络的设备状态。

如图 7.12 所示为 NMS 监测设备状态示意图。

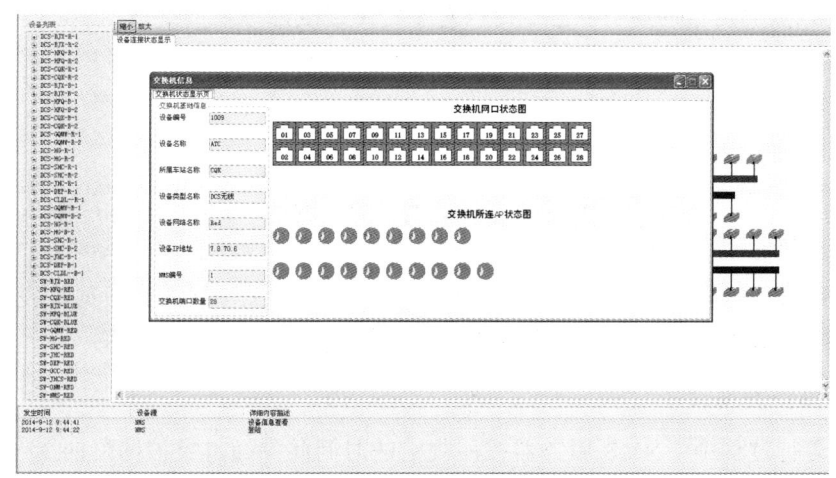

图 7.12　NMS 监测设备状态示意图

3. 监控并分析网络流量

NMS 系统可以基于交换机端口进行网络流量监控。NMS 工作站定时采集交换机端口的输入/输出流量，进行存储，并对这些流量信息进行实时监控和统计分析，以掌握整个网络各层次的交换机的负荷情况，监控网络拥塞情况。

4. 设置网络设备的运行参数

通过 NMS 可以设置管辖范围内任意一个或多个 AP 的参数，包括：
（1）关闭无线端口；
（2）打开无线端口；
（3）重启动；
（4）保存运行配置至 AP 闪存。

如图 7.13 所示为 NMS 设备参数设置示意图。

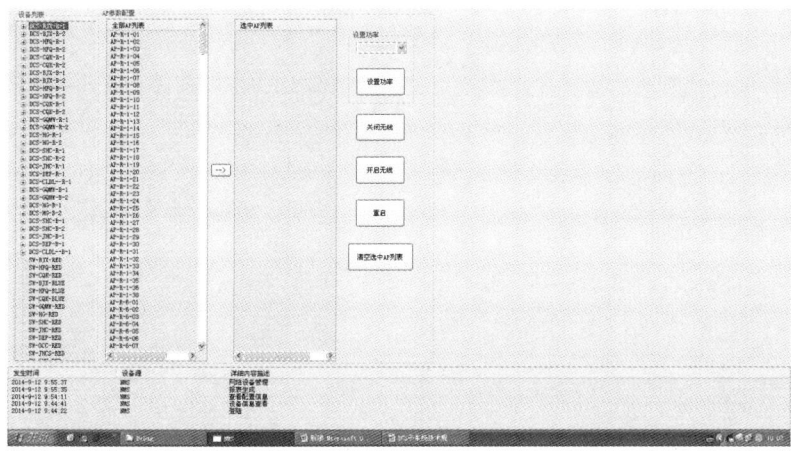

图 7.13　NMS 设备参数设置示意图

5. 网络故障报警

NMS可以监测网络的运行状态，提供对多种网络故障诊断的手段，并进行实时分析和告警显示功能。如果网络出现异常，则显示在界面的报警记录在显示区内，进行准确及时的网络故障报警。

6. 监控无线信号质量

NMS需要对全线无线信号的质量进行监测。ATC网NMS工作站通过SNMP协议以固定周期获取在线列车的无线设备的场强和信噪比信息，用以获取每个AP的工作状态，并形成报表，以方便运营维护人员能够及时获取轨旁AP的工作状态，根据报表的无线设备的场强及信噪比数据分析，对可能会发生故障的轨旁设备进行提前跟踪。

7. 提供维护数据

在系统运行过程中，NMS服务器按照规定的时间间隔通过维护网络向MSS服务器发送指定信息格式的UDP报文，以便实现数据存储、场景复现、历史信息查看及故障分析等功能。在所有UDP报文中，要包括NMS工作站所监控的所有网络设备的状态信息及NMS系统的各种操作信息。

NMS服务器以2 s的固定周期向维护网汇报所有网络设备的状态信息，网络状态信息包含所有AP、交换机及其端口、列车无线设备的信息和NMS的操作记录信息。

附表　英文及其缩写和中文含义

缩　写	英　文	中文含义
AC	AP Controller	AP 控制器
AES	Advanced Encryption Standard	先进加密标准
AP	Access Point	接入点
APM	AP Master	AP 管理单元
ATC	Automatic Train Control	列车自动控制
ATO	Automatic Train Operation	列车自动驾驶
ATP	Automatic Train Protection	列车自动防护
ATS	Automatic Train Supervision	列车自动监控
CBTC	Communication Based Train Control	基于通信的列车控制系统
CCOV	Communication Controller On Vehicle	车载通信控制器
DCS	Data Communication System	数据通信系统
EMC	Electromagnetic compatibility	电磁兼容
I/O	Input/output	输入/输出
KVM	Keyboard Video Mouse	显示器、鼠标、键盘
ID	Identifier	标识
LAN	Local Area Network	局域网
MSS	Maintain Support System	维护支持系统
MTBF	Mean Time Between Failure	平均故障间隔时间
MTTR	Mean Time To Repair	平均修复时间

续表

缩 写	英 文	中文含义
NMS	Network Management System	网络管理系统
PIS	Passenger Information System	乘客信息系统
PSD	Platform Screen Doors	站台安全门
RAMS	Reliability, Availability, Maintainability and Safety	可靠性、可用行、可维护性和安全性
SSID	Service set identify	服务集标识-ESS 的网络标识
TSR	Temporary Speed Restriction	临时限速
UDP	User Datagram Protocol	用户数据报协议
VOBC	Vehicle On-Board Controller	车载控制器
Ver	Version	版本
VLAN	Virtual Local Area Network	虚拟局域网
WLAN	Wireless Local Area Network	无线局域网
ZC	Zone Controller	区域控制器

参考文献

[1] 王青林. 城市轨道交通通信与信号系统[M]. 北京：人民交通出版社，2012.

[2] 林瑜筠. 城市轨道交通信号[M]. 2版. 北京：中国铁道出版社，2010.

[3] 林瑜筠. 城市轨道交通信号（本、专科）[M]. 北京：中国铁道出版社，2008.

[4] 汪松滋. 地铁概论[M]. 南京：南京出版社，1994.

[5] 中华人民共和国国家标准. GB 50157—2003 地铁设计规范[S]. 北京：中国计划出版社，2003.

[6] 张喜. 城市轨道交通信号与通信概论[M]. 北京：北京交通大学出版社，2012.

[7] 郎宗桢. 轨道交通信号控制基础[M]. 上海：同济大学出版社，2007.